기술을 알면 투자가 보인다

피지컬 AI
기술 혁명

백승호 지음

투자자의 길은

외롭고 고된 여정입니다.

일러두기

- 본문에 언급된 기업 정보, 투자 지표 등은 2026년 상반기 자료를 기준으로 설명했습니다.
- 본문에 언급된 기업은 정보 제공이 목적이며, 특정 종목에 대한 투자 추천이 아닙니다.

그 길에서 당신이 흔들리지 않도록
출판사 부자의서재가
든든한 받침이 되겠습니다.

프롤로그

생성형 AI를 넘어 현실로
왜 피지컬 AI인가

'AI에 투자하라'고 하면 어떤 기업이 떠오르시나요? 엔비디아? 구글? 아마 대부분 그럴 겁니다. 그런데 AI가 화면 밖으로 나와 물건을 나르고, 차를 운전하고, 요리하기 시작하면 어떻게 될까요? 그때 가치를 가져가는 건 GPU를 만드는 기업일까요, AI 소프트웨어 기업일까요, 아니면 로봇팔을 만드는 전통적인 로봇 기업일까요?

2022년에 챗GPT가 등장한 이후, 생성형 AI는 급격하게 성장했습니다. 하지만, AI는 아직 디지털 세계에 갇혀 있습니다. 챗GPT가 완벽한 요리 레시피를 알려줘도 배고픔을 해결해 주지는 않습니다. 제미나이가 정교한 3D 시뮬레이션 영상을 만들어도 실제로 문턱에 걸려 넘어지는 경험을 대체할 수 없습니다. 우리는 손에 잡히는 변화를 원합니다. AI가 발전할수록 잘 쓰인 텍스트나 그럴듯한 이미지, 영상에만 만족할 수는 없으니까요.

생성형 AI가 만들어내는 것은 결국 '정보'입니다. 텍스트, 이미지, 영상처럼 인간의 인지 영역을 보조하고 확장하는 데는 탁월하지만, 물리적 세계에 직접 개입하지는 못합니다. 반면 피지컬 AI는 다릅니다. 센서로 현실을 인식하고, 알고리즘으로 판단한 뒤, 액추에이터를 통해 실제로 움직이며 결과를 만들어냅니다. 즉, 생성형 AI가 '이렇게 하면 된다'라고 설명하는 단계에 머문다면, 피지컬 AI는 직접 해내는 단계로 넘어간 것입니다. 피지컬 AI는 바로 이 지점에서 시작됩니다. 생성형 AI로 시작된 디지털 지능을 물리적 세계로 가져와 움직이고, 만지고, 작업하게 만드는 것입니다.

단순한 기술의 진화가 아니라, 산업의 중심축이 이동하는 변곡점입니다. 이제 AI는 화면 속에 머무르지 않고 공장, 물류, 병원, 가정으로 들어오기 시작했습니다. 우리는 더 이상 잘 만들어진 결과물을 보는 것에 만족하지 않고, 실제로 삶을 바꾸는 행동을 요구합니다. 그런 의미에서 생성형 AI가 가능성을 보여준 시대였다면, 피지컬 AI는 그 가능성을 현실로 바꾸는 시대라고 할 수 있습니다. 이제 AI는 생각하는 것을 넘어, 움직이기 시작했습니다.

이 책에서 상상하는 미래를 보고 "그런 세상이 오려면 아직은 좀 멀지 않았어?"라며 공감하지 못하는 사람도 있을지 모르겠습니다. 하지만, 투자는 늘 미래를 먼저 상상하고, 그 기대가 현실이 되는 과정에서 가치를 만들어냅니다. 지금 많은 투자자가 피지컬 AI를 공부하는 이유는, 챗GPT가 세상을 바꾸기 시작했을 때 엔비디아를 놓친 실수를 반복하지 않기 위해서일 것입니다.

저는 KAIST에서 로봇공학을 전공하면서 자율주행과 AI를 연구했습니다. V2X(Vehicle to everything) 통신과 AI 기반 교차로 신호 제어를 다뤘는데, 그 과정에서 깨달은 게 있습니다. 피지컬 AI는 한 가지 기술이 아니라 센서, 통신, 제어, 판단이 모두 어우러져야 하는 종합예술이라는 것을요. 비록 지금은 연구실을 떠나 기업에서 경영기획 일을 하고 있지만, 그때 배운 것들이 투자자로서 산업을 보는 눈을 만들어 주었습니다.

제 첫 책인 『AI 시대, 챗GPT는 쓰지만 엔비디아는 놓쳤습니다』가 'AI 시대의 투자 시작하기'였다면, 이번에는 '피지컬 AI 산업에서 넥스트 엔비디아 찾기'에 집중했습니다. 이 책은 전문가 수준의 최신 기술이나 공개되지 않은 기업 정보를 소개하지는 않습니다. 테마성으로 일확천금을 얻을 기회를 바라고, 단시간에 대박 날 투자 종목을 찍어주길 기대하는 투자자에게는 적합하지 않음을 미리 말씀드립니다.

대신 이 책은 피지컬 AI 산업을 Brain(반도체·AI), Body(센서·부품), Integrator(통합자)라는 3가지 관점에서 기업을 나누어 분석합니다. 실질적인 변화는 어디에서 오고 있는지, 누가 돈을 벌고 있는지, 가치는 어디에 쌓이는지, 경쟁이 심해져서 그 가치를 독식하지 못하는 산업은 어디인지를 다룹니다. 각 단계에서 대표적인 기업들의 현재와 미래에 대한 관점을 최대한 쉽게 다루려고 노력했습니다. '아, 산업 공부는 이렇게 하는 거구나', '투자는 이런 식으로 접근해야 하는구나', '새로운 종목은 이렇게 찾는 거구나'하는 감각을 조금이나마 얻으실 수 있기를 바랍니다.

"너는, 너는 자라서 무엇이 될 거니~ 나는, 나는 자라서 로보트 조종사가 될 거야~" 부끄럽지만, 제 어릴 적 꿈은 '로봇 조종사'였습니다. 다섯 살 생일에 친구들이 불러주던 이 노래가, 제 인생의 방향을 정했다고 해도 과언이 아닙니다. 로봇 조종사를 꿈꾸던 다섯 살 아이, 로봇공학을 연구하던 학생이 이제는 직장인 투자자가 되어, 여러분께 피지컬 AI가 바꿀 미래의 산업 지도를 함께 그려보자고 초대합니다. 기술과 가깝지 않은 사람이라도 피지컬 AI로 바뀌어 갈 세상을 상상하면서 투자 아이디어를 찾아보는 출발점이 되기를 바랍니다.

저자 백승호

추천사

2022년 말 ChatGPT가 대성공을 거둔 이후, 인공지능 뉴스는 매해 놀라움의 연속이었습니다. 인터넷을 통해 인간처럼 말하는 인공지능과 대화할 수 있게 되었고, 바로 다음 해에는 인공지능이 그림도 이해할 수 있게 되었습니다. 그리고 지금은 피지컬 AI, 휴머노이드 로봇이 큰 화제가 되고 있습니다.

그런데 피지컬 AI는 그전에 등장했던 인공지능과는 조금 다릅니다. 피지컬 AI는 인공지능 그 자체라기보다는, 인공지능을 수단으로 삼아 물리 세계에 영향을 미치려는 응용 기술입니다. 응용 기술이라는 이름에서 알 수 있듯, 피지컬 AI는 인공지능 이외의 다양한 요소로 구성되어 있습니다. 그렇기에 피지컬 AI를 이해하기 위해서는 인공지능뿐만 아니라 다른 요소도 함께 살펴봐야 합니다.

『피지컬 AI 기술 혁명』은 이러한 시기에 지침서로 삼을 수 있는 책입니다. 이 책은 로봇의 각 구성 요소와 밸류체인, 관련 기업을 설명하면서도 특정 영역에 치우치지 않도록 균형 있게 구성되어 있어, 핵심 관심사가 '로봇'에 있음을 분명히 보여줍니다. 인공지능 기반 로봇의 개념을 이해하고, 피지컬 AI 밸류체인에 관심 있는 투자자에게 추천합니다.

- 前 SK하이닉스 소속, 『AI 시대, 다시 시작하는 반도체 공부』·
『반도체 제국의 미래』 저자 정인성

컴퓨터나 자동차처럼 인류의 삶을 바꾼 위대한 발명품들은 때로는 격정적으로, 때로는 고요하게 스며들어 이제는 그것들이 없는 세상을 상상할 수조차 할 수 없게 만들었습니다. 이러한 관점에서 『피지컬 AI 기술 혁명』을 읽은 후 저는 3년, 그리고 10년 뒤 우리가 마주할 삶의 변화에 대해 다시금 생각했습니다.

최근 우리가 마주한 피지컬 AI라는 거대한 파도는 우리의 일터와 일상을 근본적으로 재편할 것입니다. 과거 자동차가 산업의 총아였듯, 앞으로의 로봇은 피지컬 AI를 필두로 수많은 글로벌 기업의 최첨단 기술과 부품, 그리고 소프트웨어가 집약된 핵심 산업으로 자리 잡게 됩니다. 누군가는 신기술의 향연을 그저 당연한 듯 소비하고 누리겠지만, 이 책을 탐독한 독자들은 하이테크 기업들의 치열한 이합집산이 만들어내는 거대한 흐름을 직접 목도하며 새로운 기회를 선점하게 될 것입니다.

지난 몇 년간 'AI'가 우리에게 앞으로의 미래를 향한 변화의 문을 열어주었다면, 그다음은 '피지컬 AI'가 우리의 손을 잡고 직접 미래 세계로 안내해 줄 차례입니다. 이 책이 새로운 세상을 가장 먼저 만날 독자들에게 가장 정확한 지도이자 믿음직한 나침반이 되어줄 것이라 확신합니다.

- 한국원자력연구원 소속, 『AI 로봇 구조 교과서』 저자 유승남

구성 미리보기

01 용어 이해하기

> 카메라로 보고, 레이더와 라이다로 거리감을 인식하고, 손끝에서 접촉과 힘을 느끼는 느끼도록 설계합니다.
>
> | 전파로 물체의 거리와 속도를 측정하는 센서 | 레이저로 주변 물체의 거리와 형상을 3D로 측정하는 센서 |
> | --- | --- |

본문에 등장하는 어려운 용어들은 이해하기 쉽도록 중간중간 풀어서 설명합니다.

02 종목 확인하기

> 결국 한국의 SK하이닉스(SK hynix, 000660)와 삼성전자, 미국의 마이크론 테크놀로지(Micron Technology, MU)라는 3강 구도로 수렴했습니다.

SK 하이닉스

본문에 나오는 다양한 종목의 정보를 QR 코드로 바로바로 확인할 수 있습니다. 티커는 본국 거래소 기준이며 한국 종목은 국내 계좌, 미국 종목(MU)은 해외주식 계좌로 매매하면 됩니다.

03 피지컬 AI 밸류체인 한눈에 보기

피지컬 AI를 구성하는 핵심 요소들을 '두뇌-몸-통합자' 구조로 나누고, 각 영역에서 어떤 기술과 산업이 역할을 담당하는지를 보여줍니다. 이 그림은 피지컬 AI의 전체 구조를 이해하는 데 중요한 기준이 되므로, 책에서 반복하여 등장합니다.

두뇌	소프트웨어	파운데이션 모델 데이터 사이언스&분석 시뮬레이션&비전 소프트웨어
	반도체	비전&연산 메모리 설계 제조
몸	센서	카메라&비전 센서 레이더&라이다 자기장 센서 힘·토크 센서
	액추에이터 및 액추에이터 부품	베어링 스크류 기어/감속기 모터 인코더 희토류/자석
	배터리	
	아날로그 반도체	
	본체·배선·열관리	알루미늄 주조 배선 및 커넥티비티 열관리 시스템

산업 자동화 및 로봇 OEM

통합자

목차

Part 01 피지컬 AI란 무엇인가

Chapter 01 화면을 넘어 현실로, 피지컬 AI의 부상 · 020

Chapter 02 피지컬 AI, 단일 산업을 넘어 거대한 생태계로 · 036

Part 02 피지컬 AI를 만드는 기술

Part 03 피지컬 AI 상용화 로드맵

Part 04 피지컬 AI 투자 전략

Part 01
피지컬 AI란
무엇인가

Chapter 01

화면을 넘어 현실로
피지컬 AI의 부상

피지컬 AI는 완성된 천재인가,
미완의 존재인가

유튜브에서 '1억 주고 사 온 가정부 휴머노이드 로봇'을 소개한 영상을 본 적이 있나요? 이 로봇은 중국의 유니트리 로보틱스(Unitree Robotics, 비상장)가 만든 G1입니다. 앞치마를 두른 로봇이 집 앞에서 들어올 준비를 하고 서 있습니다. 약간은 불안하지만, 힘찬 발걸음. 로봇의 주인은 새롭게 맞이할 미래를 기대하며 지켜봅니다.

그 기대감은 머지않아 절망으로 바뀝니다. 성큼성큼 걸어서 로봇이 향한 곳은 거울이었습니다. 주인이 "안돼!"라고 외쳤지만 거울이 깨지는 소리가 들립니다. "제발 멈춰!"라고 말했지만, 로봇은 개의치 않습니다. 포기하지 않고 마치 거울을 뚫고 나갈 것처럼 다시 한번 돌진합니다.

요리는 잘하겠지 싶어서 주방으로 보내봅니다. 그러나 로봇이 주방으로 뛰어 들어오다가 문턱에 걸려 넘어지는 모습에 '그러면 그렇지.' 싶습니다. 주인은 로봇을 힘겹게 일으켜 세워주고 팬을 쥐여 줍니다. 처음에는 잘하는 듯하다가 팬을 놓치면서 음식을 바닥에 쏟아버립니다. 그러고는 쏟은 음식 위에서 엉거주춤 춤을 추면서 몸을 가누질 못합니다. 주인은 진정시키기 위해 로봇을 잡아보지만, 현란한 발걸음을 멈추지 않고 다음 문제를 해결(?)하려고 돌진합니다. 주인이 제발 이 전원 좀 끄라고 소리칠 때까지요.

[유니트리 로보틱스의 로봇 G1]

출처: unitree.com

영상의 반응은 폭발적입니다. '저혈압을 고혈압으로 바꿔주는 기계다', '가정부가 아니라 가정을 부수는 로봇이다'처럼 재치 넘치는 댓글이 많았지만, 가장 인상적이었던 댓글은 '일을 안 하려면 어떻게 해야 하는지 정확히 알고 있네. 무섭다'라는 반응이었습니다.

피지컬 AI가 바꾸는 세상을 상상하면 SF영화를 떠올리기 쉽습니다. 하지만 저는 그 어떤 SF 대작보다 이 영상과 댓글이 우리가 겪게 될 미래를 정확히 보여주고 있다고 생각합니다. 인간인 우리는 로봇이 가져다줄 편안한 생활을 기대합니다. 하지만 그에 미치지 못하는 현재의 기술에 실망하면서도 그 가능성을 포기하지 못합니다. 그리고 이렇게 생각하죠. '혹시 저 로봇이 정말로 일하기 싫어서 그러는 건 아닐까?' 지금이야 그럴 리 없다고 웃어넘기지만, 그 농담 속에는 우리가 맞이할 미래에 대한 막연한 두려움이 섞여 있는지도 모릅니다.

생성형 AI와 피지컬 AI의 결정적 차이

챗GPT처럼 대화 기반의 생성형 AI가 처음 나왔을 때 우려했던 건 생성형 AI가 말하는 잘못된 정보였습니다.

- 생성형 AI: 인간의 창작 과정을 모방해 텍스트, 이미지, 영상 등 콘텐츠를 생성
- 추론 AI: 단계적 사고 과정을 거쳐 복잡한 문제를 논리적으로 풀어내는 AI
- 에이전트 AI: 목표가 주어지면 스스로 계획을 세우고 도구를 활용해 실행
- 온디바이스/엣지 AI: 클라우드 대신 기기 자체에서 추론해 지연·프라이버시·비용 문제를 해결
- 온피지컬 AI: 물리 법칙을 이해하고 센서·구동부로 현실 세계와 상호작용(로봇·자율주행)

예를 들어 "나폴레옹이 알프스산맥을 넘어 한국에 왔을 때 제일 즐겨 먹은 디저트가 뭐야?"라는 질문에 챗GPT는 "당연히 붕어빵이지"라고 아무렇지도 않게 답하는 정도였죠. 지금은 할루시네이션 문제를 많이 해결했지만, AI를 사용할 때는 아직도 검증이 필요하다고 말합니다.

그렇다면 우리가 맞닥뜨릴 피지컬 AI는 어떨까요? 챗GPT나 제미나이가 틀린 정보를 주면 우리는 다시 검색하면 됩니다. 하지만 로봇이 거울을 깨고, 음식을 쏟고, 넘어지면 어떻게 될까요? 디지털 세상에서의 실수는 delete 키로 지울 수 있지만, 물리적 세상에서의 실수는 깨진 유리 파편과 쏟아진 음식으로 남습니다.

이게 바로 피지컬 AI가 가진 본질적 특성입니다. 디지털 AI와 달리, 피지컬 AI는 물리 법칙이 지배하는 현실 세계에서 작동합니다. 중력, 마찰력, 관성이 있는 세상. 실수의 대가가 픽셀이 아니라 현실로 나타나는 세상 말이죠.

피지컬 AI란 무엇인가

"The ChatGPT moment for physical AI is here – when machines begin to understand, reason and act in the real world."

피지컬 AI에도 이제 '챗GPT 급의 전환점'이 찾아왔다. 기계가 단순히 계산하는 수준을 넘어, 현실 세계를 이해하고 스스로 판단해 실제로 행동하기 시작하는 중대한 분기점이 열렸다는 의미다.

― CES 2026에서 엔비디아 CEO 젠슨황

피지컬 AI는 정해진 작업만 수행하는 기존 로봇과 달리, 스스로 인지·판단·적응하며 현실 세계에서 범용적으로 행동하는 인공지능입니다. 2022년, 사람들이 기존 챗봇과 챗GPT가 본질적으로 다르다는 걸 깨달았던 것처럼, 기존 로봇과 피지컬 AI가 본질적으로 다르다는 걸 우리는 알고 있습니다. 기존에 사용하던 로봇이라는 단어가 앞으로 우리가 겪게 될 변화를 다 담아내지 못한다고 생각한 거죠.

로봇은 이미 수십 년 전부터 공장에 있었습니다. 산업용 로봇은 2015년에도 25만 대 이상이 팔릴 정도로 거대한 시장이었고요. 자동화, 스마트 공장이라는 이름으로 이미 생산성 향상이라는 가치도 만들어 왔습니다.

기대에 미치지 못한 쪽은 공장 밖이었습니다. 챗GPT 이전에는 하나의 AI가 언어, 이미지, 코딩 등 여러 가지 작업을 동시에 처리하지 못했습니다. 로봇도 마찬가지입니다. 용접을 담당하는 로봇, 상자를 옮기는 물류 로봇처럼 국방, 물류, 의료, 농업 등 용도가 정해진 분야에 제한적으로 보급되었습니다.

집 안에선 어땠을까요? 문턱도 제대로 넘지 못하는 로봇청소기가 전부였습니다. 사람이 사는 공간에서 문을 열고, 물건을 집고, 넘어지지 않는 정도의 일을 할 수 있는 최소한의 기능을 갖춘 범용 로봇은 먼 이야기였죠.

피지컬 AI는 어떻게 진화하고 있는가

2015년 DARPA(미국 국방부 산하의 방위고등연구계획국) 로보틱스 챌린지는 그때의 기술을 상징적으로 보여줍니다. 미국, 독일, 일본, 한국 등 전 세계 최정예 25개 팀이 모여 인간에게는 단순해 보이는 과제들을 로봇이 수행하도록 했습니다. 차를 몰고, 내려서, 문을 열고, 밸브를 돌리고, 벽을 뚫고, 장애물을 통과하고, 계단을 오르는 일까지 모두 로봇이 직접 해내야 하는 미션이었습니다.

[2015 DARPA Robotics Challenge]

출처: dvidshub.net

당대 최고의 로봇들은 걷는 것조차 어려워했습니다. 너무나 쉽게 흔들리고 넘어졌습니다. 이 대회에서 우승한 KAIST의 DRC-HUBO조차, '휴머노이드 로봇이 직접 걷기'보다 '바퀴로 안전하게 이동하기'가 더 현실적이라는 판단을 증명했습니다. 무릎에 바퀴를 달아 걷기와 굴러가기 모드를 오가며, 가장 빠르고 안정적으로 완주했으니까요.

2015년의 로봇은 눈앞에 있는 물체가 무엇인지, 지금 무슨 일이 벌어졌는지, 다음에 뭘 해야 하는지 상황을 제대로 판단하지 못했습니다. 그래서 손잡이 모양이 조금만 달라져도 처음부터 다시 프로그래밍해야 했고, 불규칙한 장애물을 만나면 넘어졌죠. 우리에겐 너무나 쉬운 일도 로봇에게는 어려운 일이었습니다. 로봇공학자들은 이를 '모라벡의 역설(Moravec's Paradox)'이라고 부릅니다.

하지만 10년 사이 휴머노이드 로봇은 크게 발전했습니다. 걷고 뛰는 것뿐 아니라 인간 이상의 운동능력을 보이기도 합니다. 과거와 달라진 이유는 크게 세 가지로 꼽을 수 있습니다.

첫째, 로봇이 배울 수 있는 데이터가 폭발적으로 늘었습니다. 사람의 동작을 영상으로 보고 따라 배우고, 로봇이 실패한 장면까지 포함해 예외 상황을 학습합니다.

둘째, 그 학습을 가능하게 하는 연산 능력이 향상됐습니다. 예전엔 하루에 몇 번 실험하던걸, 지금은 수백만 번의 시행착오를 빠르게 돌릴 수 있습니다.

셋째, 시뮬레이션이 로봇의 가상 훈련장이 됐습니다. 안전한 가상 공간에서 먼저 익히고, 현실로 옮겨오는 방식이 표준이 되면서 넘어지며 배우는 비용이 급격히 줄었습니다.

2015년의 로봇이 정해진 규칙을 따랐다면, 2026년의 로봇은 세상을 이해하기 시작했습니다. 환경이 조금만 바뀌어도 무너지는 규칙 기반 자동화에서 벗어나, 상황을 보고 다음 행동을 고르는 방향으로 이동하기 시작했습니다. 아직 완성이라기보다 '가능성'

에 가깝지만, 가장 크게 바뀐 건 로봇의 몸이 아니라 두뇌입니다.

구글

미국의 구글(Alphabet, GOOG) 딥마인드의 RT-2는 인터넷에서 배운 지식을 현실 세계의 행동으로 바꾸고, 피규어 AI(Figure AI, 비상장)의 Figure 02는 사람과 대화하며 "사과 좀 줄래?"라는 요청을 이해하고 실행합니다. 센서로 세상을 인식하고, AI로 판단하고, 행동하고, 그 결과로부터 다시 학습합니다.

피지컬 AI와 기존 로봇의 근원적 차이는 학습과 진화입니다. 공장에서 수십 년 동안 자동차를 용접해 온 로봇팔을 떠올려봅시다. 스위스의 ABB(ABBN)나 일본의 화낙(FANUC, 6954) 같은 기업이 만든 산업용 로봇들은 정해진 동작을 정확하게 반복합니다. 하지만 그들은 배우지 못합니다. 어제 한 용접과 오늘 할 용접이 똑같습니다. 환경이 조금만 바뀌어도 인간이 다시 프로그래밍해 줘야 합니다.

ABB

반면, 피지컬 AI는 실패로부터 배웁니다. 테슬라(Tesla, TSLA)의 자율주행차는 수백만 킬로미터를 달리며 운전을 익히고, 휴머노이드 로봇은 넘어질 때마다 균형 잡는 법을 배웁니다. 이제 로봇은 세상을 이해하고 판단하기 시작했습니다.

화낙

지금까지 우리가 만나온 생성형 AI는 네모난 디바이스에 갇혀 인간의 질문에 대답하는 존재였습니다. 명령만 받던 AI는 현실에서 생각하고, 배우고, 진화하기 시작했습니다. 젠슨 황(Jensen Huang)이 기수로서 이 시대를 열었다면, 이제 이 무대는 더 이상 몇몇 혁신기업만의 실험장이 아닙니다. 로봇이 무술을 하고, 빨래

테슬라

를 개고, 노래에 맞춰 춤을 추는 건 이제 별로 놀랍지도 않습니다. 자동차, 가전, 소프트웨어, 하드웨어 기업을 가리지 않고 이 시장에 진입하고자 애쓰고 있습니다. 너도나도 가정용, 산업용 로봇을 선보이면서 피지컬 AI 시대로 나아가기 시작한 것입니다.

왜 휴머노이드 로봇이 피지컬 AI의 대표일까?

젠슨 황은 피지컬 AI를 '현실 세계를 이해하고, 추론하고, 행동을 계획하는 모델'로 정의합니다. 피지컬 AI는 넓은 개념으로 물리적 세계에서 작동하는 모든 AI 시스템을 의미합니다. 휴머노이드 로봇뿐만 아니라, 자율주행차, 드론, 물류 로봇도 피지컬 AI입니다.

그럼에도 피지컬 AI라고 하면 휴머노이드 로봇이 가장 먼저 떠오릅니다. 인간처럼 대화하는 챗GPT가 생성형 AI 시대를 연 것처럼, 인간처럼 움직이는 휴머노이드 로봇이 피지컬 AI 시대를 열 것이라고 느끼기 때문은 아닐까요?

투자자 입장에서도 휴머노이드 로봇을 중심으로 피지컬 AI를 이해하는 것이 도움이 될 것으로 생각합니다. 휴머노이드 로봇에 필요한 기술과 부품을 이해하면 자율주행이나 드론의 기술도 쉽게 이해할 수 있기 때문이죠. 자율주행차는 도로에서만, 드론은 하늘에서만, 산업용 로봇팔은 공장에서만 씁니다. 하지만 휴머노이드 로봇은 인간이 일하는 공간에서 인간이 만든 인프라를 그대로 사용할 수 있습니다. 시장의 크기도 크고 투자 기회도 많다는 의미입니다.

생각하는 AI에서
행동하는 AI로의 전환

챗GPT가 등장한 2022년 11월 이후, 우리는 아직 생성형 AI에 적응 중입니다. AI로 인해 이전에는 불가능했던 일이 가능해짐과 동시에 인간이 하던 일도 많이 사라지고 있습니다.

대표적인 사례가 번역과 콘텐츠 제작입니다. 이전에는 언어를 배우려면 큰마음을 먹어야 했습니다. 혼자서 힘겹게 책으로 공부하거나, 비용을 들여 학원에 가거나, 과외를 받아야 했었죠. 그런데 지금은 앱 하나로 언어를 배울 수 있습니다. 제 아내는 스페인어 공부를 생각한 바로 다음 날, 듀오링고라는 앱으로 스페인어를 배우기 시작했습니다. 전 세계 수억 명이 사용하는 이 앱은 수많은 언어로 콘텐츠를 제공합니다. 초기엔 당연히 많은 번역가가 필요했습니다. 하지만 2023년 말, 듀오링고는 번역과 콘텐츠 생산에 GPT-4를 적극 활용하여 계약직 인력의 약 10%를 줄인 것으로 알려져 있습니다.

사무실의 풍경은 어떨까요? IBM의 CEO인 아르빈드 크리슈나는 2023년, 향후 AI로 대체할 수 있는 백오피스 역할이 수년 내 수천 개는 될 거라고 언급했습니다. 인사, 경리, 행정 같은 지원 부서를 의미하지요. 그리고 해당 영역의 채용을 늦추겠다고 덧붙였습니다. 채용을 멈춘다는 건, 앞으로 그 직무는 신입 직원 없이도 수행할 수 있다고 예상한다는 뜻일 겁니다.

금융계도 예외는 아닙니다. 골드만 삭스는 2023년 대규모 감

원을 단행했고, 2025년에도 3~5% 수준의 인력 조정을 검토한다는 보도가 이어졌습니다. 회사 성과가 나빴던 것도 아닙니다. 전통적으로 엘리트 인재들의 등용문이었던 투자은행에서조차 'AI 시대에 우리가 정말 이렇게 많은 사람이 필요한가?'라는 질문이 시작된 겁니다.

한때 직원 만족도가 가장 높은 소프트웨어 기업으로 유명했던 세일즈포스의 CEO조차 "AI 에이전트 도입 덕분에 고객지원 인력을 9,000명에서 5,000명으로 줄였다"라고 했습니다. 고객 문의 응대, 문제 해결, 후속 연락 같은 일들을 AI가 처리하기 시작하면서 해당 직무에서 사람이 덜 필요해진 거죠.

문제는 이 변화가 단순 반복 업무에만 머무르지 않는다는 점입니다. 일부 보도에 따르면, 마이크로소프트의 구조조정에서 소프트웨어 엔지니어 비중이 큰 것으로 나타났습니다. AI로 인한 해고라고 단정할 순 없지만, 마이크로소프트의 CEO인 사티아 나델라는 AI를 적극적으로 활용하고 있음을 공개적으로 밝힙니다. 회사 코드의 상당 부분인 20~30% 정도가 AI로 작성되고 있다고요. 몇 년 전까지만 해도 고부가가치의 일로 인정받던 소프트웨어 개발의 일부를 이제 AI가 대신하고 있다는 뜻입니다.

글로벌 컨설팅 회사인 맥킨지의 CEO는 이렇게 말하기도 했습니다. "우리 회사 직원 6만 명 중 2만 5,000명은 AI 에이전트이다"라고요. AI 에이전트를 직원처럼 세는 것은 상당히 충격적입니다.

이건 몇몇 회사만의 이야기가 아닙니다. World Economic Forum이 조사한 <The Future of Jobs Report 2025>에 따르면, 2030년까지 전 세계 고용주의 40%가 AI 자동화로 인력을 감축할 계획이라고 답했습니다. 절반 가까운 기업들이 AI로 인해 사람을 덜 쓰게 될 것이라고 예상한다는 뜻입니다.

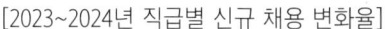

[2023~2024년 직급별 신규 채용 변화율]

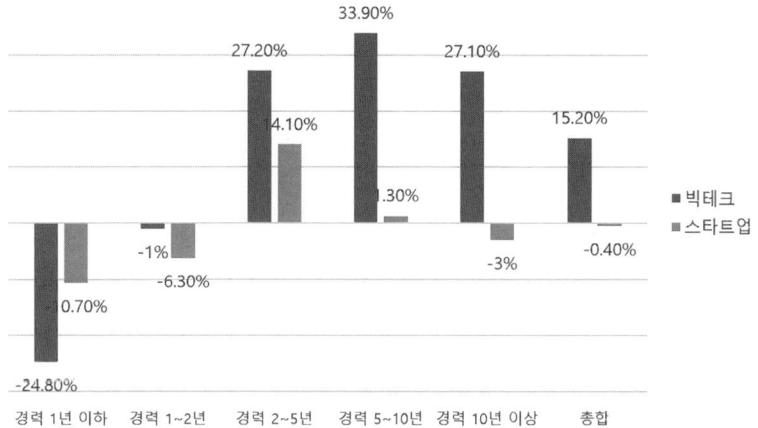

출처: signalfire.com/blog

이 변화에서 가장 큰 타격을 받는 것은 사회 초년생입니다. 배우면서 하는 일이 사라지고 있기 때문입니다. 샌프란시스코에 본사를 두고 있는 데이터 기반 벤처 캐피탈 기업인 SignalFire의 분석에 따르면, 2024년 빅테크의 신규 졸업자 채용이 전년 대비 25% 감소했습니다. 2019년과 비교하면 50% 이상 급감한 수치죠. 이건 단순한 채용 지연이 아닙니다. 예전 같으면 주니어 개발자들이 하던 일—코드 작성, 버그 수정, 테스트—을 이제 AI가 상당 부분 처리하다 보니, 그 자리 자체가 줄어들고 있는 겁니다.

AI 기업의 CEO들이 신입 사무직 일자리의 절반이 5년 이내에 사라질 것이라고 경고하는 인터뷰는 더 이상 과장이 아닙니다. 컨설팅 기업에서 주니어 컨설턴트가 하던 시장 분석·데이터 정리·프레젠테이션 초안 작성, 로펌에서 신입 변호사가 하던 판례 조사와 계약서 검토, 광고 대행사에서 주니어 카피라이터가 하던 초안 작성 등의 업무가 점점 AI로 대체되면서 실무 경험을 쌓을 기회가 사라지고 있습니다. 지금 우리가 보고 있는 변화의 속도를 생각하면, 충분히 가능한 시나리오입니다. AI는 사람들에게 가치를 제공하고 있지만, 그 효율화 뒤에는 사람의 자리가 줄어들고 있습니다.

그나마 생성형 AI는 디지털 영역에 한정되어 있었습니다. 아무리 AI가 완벽한 보고서를 써도, 누군가는 부품을 주문하고, 조립하고, 프로젝트를 관리해야 합니다. 아무리 AI가 정교한 고객 응대를 해도, 누군가는 물류센터에서 물건을 옮겨야 합니다. 아무리 AI가 정확한 진단을 내려도, 누군가는 병원에서 환자를 직접 돌봐야 합니다. AI가 아무리 발전해도 대체할 수 없는 물리적 노동이 있다는 일종의 안도감이 있었습니다.

하지만 최근의 기술 발전을 보면 그마저 흔들리기 시작했습니다. 생성형 AI로 인한 변화가 마무리되기도 전에, 다음 파도가 밀려오고 있습니다. 불과 10년 전만 해도 산업용 로봇은 생산성은 높였지만, 사람을 완전히 대체하지는 못했습니다. 하지만, 이제 로봇은 인간의 외형을 하고 인간보다 더 나은 두뇌를 장착하여 인간을 완벽히 대체할 준비를 하고 있습니다.

독일의 BMW(Bayerische Motoren Werke)는 자사 공장에서 휴머 BMW
노이드 로봇을 생산 환경에서 시험하는 단계에 있습니다. 현대차
(Hyundai Motor, 005380)의 보스턴 다이내믹스(Boston Dynamics,
비상장)는 CES 2026에서 더 구체적인 계획을 발표합니다. 2028
년부터 휴머노이드 로봇 '아틀라스'를 단계적으로 투입하겠다고
요. 이 소식이 발표된 지 며칠 지나지 않아 노동조합에서는 '단 한
대의 로봇도 우리 허락 없이 들여올 수 없다'라고 경고장을 보냈 현대차
습니다. 200년 만에 러다이트가 재현되는 것처럼 보입니다. 혁신
을 막는 것처럼 보이지만, 이 정도의 강경한 발언은 인간이 설 자
리가 사라지고 있음을 체감하는 우리의 두려움을 숨기고 싶은 것
은 아닐까 하는 생각이 들었습니다.

[보스턴 다이내믹스의 아틀라스]

출처: bostondynamics.com

AI로 인한 변화는 우리를 느긋하게 기다리지 않습니다. 우리에
게 숨 돌릴 시간을 주지 않죠. 생성형 AI가 화이트칼라 일자리를

바꾸고 있다면, 피지컬 AI는 블루칼라 일자리의 판도까지 뒤흔들 것입니다. 그것도 우리가 예상했던 것보다 훨씬 빠르게 말이죠. 우리는 이 변화를 어떻게 맞이해야 할까요? 두려워하기보다는 변화를 만드는 쪽에서 기회를 찾을 수 있지 않을까요? 다음 장에서는 이 거대한 변화를 만드는 피지컬 AI의 생태계를 간단히 살펴보겠습니다.

여러 국가의 피지컬 AI 종목은 어떻게 매수해야 할까?

이 책에 등장하는 종목의 티커는 기본적으로 각 기업이 상장된 본국 거래소 기준입니다. 한국 투자자가 실제 매매할 때의 접근 방법은 국가별로 다릅니다.

먼저 미국과 한국은 해외주식 계좌 또는 국내 계좌로 1주 단위 매매가 간단합니다. 일본은 해외주식 계좌로 직접 매매가 가능하지만, 매매 단위가 원칙적으로 100주라는 점에 유의해야 합니다. 주가가 높은 종목은 1단위 매수에 상당한 자금이 필요합니다. 예를 들어 키엔스는 100주에 약 6,000만원, 화낙은 약 600만원 수준입니다. 소니와 도요타는 미국 ADR(SONY, TM)로 1주 단위 매매가 가능하며 거래량도 풍부합니다.

유럽은 국가별 거래소가 달라 증권사 지원 범위가 상이합니다. ASML·ABB처럼 미국에 정식 상장된 종목은 미국 계좌로 매매하는 것이 편리합니다. 반면 지멘스·다쏘시스템·헥사곤 등은 미국 OTC ADR이 있기는 하지만 거래량이 적어, 본국 거래소 직접매매를 권장하며 증권사의 유럽 주식 지원 여부를 확인할 필요가 있습니다.

대만은 TSMC의 경우 미국 ADR인 TSM으로 매매하는 것이 일반적입니다. 폭스콘·하이윈 등 본토 상장 기업은 온라인 거래 지원이 제한적입니다. 중국은 본토 A주(상하이·선전), 홍콩(HKEX), 미국 ADR이 혼재하므로 같은 기업이라도 상장지에 따라 매매 경로가 달라집니다. 이노밴스 같은 본토 A주 종목은 후강퉁·선강퉁을 지원하는 증권사를 통해 매매할 수 있으며, 증권사별 지원 여부가 다릅니다. 일부 시장은 적격투자자 요건 때문에 개인투자자 접근이 여전히 제한됩니다. 반면 알리바바·BYD·UBTech 등은 미국 ADR이나 홍콩 상장을 통해 보다 편리하게 매매할 수 있습니다.

증권사 앱에서 거래할 수 없는 경우라도 오프라인 주문(전화·지점)은 가능한 경우가 있으니, 증권사에 문의하는 것도 대안입니다. 거래 절차가 번거롭거나 수수료 부담이 크고, 거래 자체가 제한되는 종목은 해당 기업을 편입한 ETF를 활용하는 것이 현실적인 대안입니다.

Chapter 02

피지컬 AI, 단일 산업을 넘어
거대한 생태계로

로봇 하나에 얽힌
수많은 기업과 복잡한 공급망

피지컬 AI를 이해하기 위해 휴머노이드 로봇이 움직이는 과정을 한번 따라가 보겠습니다.

1. 먼저 카메라와 센서가 로봇의 눈과 귀가 되어 주변 환경을 인식합니다.
2. 인식한 정보는 데이터가 되어 반도체 두뇌로 전달됩니다.
3. AI 두뇌는 소프트웨어를 활용해 어떻게 움직일지 판단합니다.
4. 그 판단에 따라 인공 관절이자 근육인 액추에이터가 로봇의 팔과 다리를 움직입니다.

> 로봇의 근육 역할을 하며 전기적 명령을 실제 동작으로 바꾸는 장치

액추에이터는 모터, 감속기, 스크류, 베어링, 인코더 등 수십 개 부품의 정밀한 결합체입니다. 로봇은 이 움직임의 결과를 센서로 감지하면서 계속 학습을 이어갑니다.

- 모터: 전기 에너지를 회전 운동으로 바꿔 관절을 움직이는 구동원
- 감속기: 모터의 빠른 회전을 늦추는 대신 토크(회전력)를 키워, 무거운 하중을 안정적으로 다루게 하는 요소
- 스크류: 회전 운동을 직선 운동으로 변환해 관절을 정밀하게 이동시키는 요소
- 베어링: 회전축을 지지하고 마찰을 줄여, 관절이 흔들림 없이 부드럽게 움직이도록 돕는 요소
- 인코더: 관절의 현재 위치와 속도를 측정해 정밀 제어를 가능하게 하는 센서

5. 이 모든 것이 작동하려면 로봇의 심장인 배터리도 필요합니다. 각 단계 하나하나가 첨단 기술의 집합체입니다.

[휴머노이드 로봇 다이어그램]

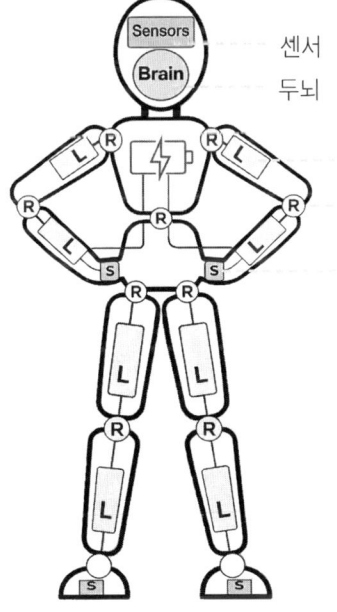

센서
두뇌

선형 액추에이터(Linear Actuator)
회전 액추에이터(Rotary Actuator)

스크류(Screw)

출처:Morgan Stanley Research

[휴머노이드 로봇 구동 플로우 예시]

1. 환경 입력(Environmental Inputs)
- 시각·청각·촉각
- 언어

▼ 환경 신호(Environmental Signals)

2. 센서(Sensors)
- 카메라(Camera)
- 마이크(MIC)
- 라이다(Lidar)
- 레이더(Radar)

▼ Data Capture(환경 인식)

3. 두뇌(Brain)
- 반도체(Semis)와 소프트웨어(Software) 사이의 상호작용

▼ 작동 요청(Actuation Request)

4. 액추에이터(Actuators)
전기 에너지 → (모터) 고속 회전 운동
→ (감속기/스크류)회전 또는 선형 운동

회전 → 감속기 → 속도를 줄이고 토크(회전력)는 향상	선형 → 스크류 → 회전 운동을 선형 운동으로 변환

5. 운동(Movement)

회전 운동 (Rotational Movement)	선형 운동 (Linear Movement)

테슬라가 휴머노이드 로봇 옵티머스를 발표했을 때, 많은 사람이 '일론 머스크면 가능하겠지?'라고 생각했습니다. 하지만 아무리 뛰어난 엔지니어가 많아도 자체적으로 모든 것을 만들 수는 없습니다. 복잡한 공급망이 탄탄하게 받쳐줘야만 로봇 한 대를 경쟁력 있는 가격에 생산할 수 있습니다.

삼성전자

2007년 이후 디지털 혁명을 이끈 스마트폰만 봐도 그렇습니다. 스마트폰 시대를 연 아이폰을 만드는 회사는 애플 하나입니다. 하지만 그 안을 들여다보면 이야기가 달라집니다. 애플은 설계·통합·소프트웨어·브랜드를 담당하고, 나머지는 전 세계 협력사와의 분업으로 완성됩니다. 애플이 공개한 핵심 공급사 리스트에는 200개에 가까운 기업이 담겨있습니다. 디스플레이는 삼성전자(Samsung Electronics, 005930)와 LG디스플레이가 만들고, 반도체는 대만의 TSMC(2330)가 생산하고, 조립은 중국의 폭스콘(Foxconn, 2317)이 맡습니다.

TSMC

피지컬 AI는 이보다 훨씬 더 복잡합니다. 스마트폰 산업이 수백 개 기업의 분업 위에 서 있다면, 휴머노이드 로봇은 수천 개의 플레이어가 엮여 있을 겁니다. 아이폰은 화면을 터치할 때만 반응하면 되지만, 로봇은 현실 세계에서 스스로 판단하고 움직이면서 인간과 함께 호흡해야 하니까요.

폭스콘

이런 이유로 피지컬 AI는 '테슬라의 옵티머스 vs 현대차그룹 보스턴 다이내믹스의 아틀라스'처럼 최고의 휴머노이드 로봇을 가리는 단일 산업이라고 볼 수 없습니다. 새로운 기회가 넘치는 산업 생태계의 탄생을 의미합니다.

결국 승부는 '완성 로봇 1등'을 가리는 데서 끝나지 않을 겁니다. 수천 기업이 만든 생태계에서 병목이 어디에 생기고, 누가 그 병목을 해결하느냐가 진짜 전장입니다. 이제 그 전장을 세 개의 기둥으로 나눠서 살펴보겠습니다.

휴머노이드 생태계를 이해하는 세 개의 기둥

피지컬 AI 생태계는 이제 막 구축되기 시작했습니다. 모건스탠리는 2025년 2월, 보고서 <The Humanoid 100>에서 휴머노이드 산업을 두뇌(Brain), 몸(Body), 통합자(Integrator)로 나누고 산업을 이끌 100개의 기업을 선정했습니다. 빠르게 변하는 산업이라 대표 기업들은 바뀔 수 있지만, 밸류체인 전체를 이해하는 데 유용한 지도입니다.

두뇌	소프트웨어	파운데이션 모델 데이터 사이언스&분석 시뮬레이션&비전 소프트웨어
	반도체	비전&연산 메모리 설계 제조
몸	센서	카메라&비전 센서 레이더&라이다 자기장 센서 힘·토크 센서
	액추에이터 및 액추에이터 부품	베어링 스크류 기어/감속기 모터 인코더 희토류/자석
	배터리	
	아날로그 반도체	
	본체·배선·열관리	알루미늄 주조 배선 및 커넥티비티 열관리 시스템

산업 자동화 및 로봇 OEM

통합자

두뇌(Brain)는 감각을 해석해 다음 행동을 결정하는 '판단'의 중심(반도체, 소프트웨어)이고, 몸(Body)은 로봇이 세상을 느끼고 움직이게 하는 물리적 기반(센서, 액추에이터, 배터리)입니다. 통합자(Integrator)는 이 둘을 하나의 제품으로 묶어 제조하고, 현장에서 운영까지 책임지는 주체입니다.

기술적으로는 로봇이 '인지-판단-제어'의 루프를 반복한다고 설명할 수 있습니다. 다만 산업을 이해할 때는 이 루프를 '누가 무엇을 공급하느냐'로 묶으면 그림이 좀 더 선명해집니다. 이 책에서는 공학적, 기술적 구분보다는 투자자의 관점에서 모건스탠리의 세 기둥을 기본 프레임으로 다루겠습니다. 또한, 각 요소와 관련된 세부 기업과 종목은 부록에 담았으니 살펴보기 바랍니다.

두뇌

두뇌(Brain)는 휴머노이드 생태계에서 가장 빠르게 발전하고 있는 영역입니다. 피지컬 AI 산업이 본격적으로 열리는 시점은 두뇌의 성능이 언제, 어디까지 도달하느냐에 달려 있습니다. 여기서 말하는 성능은 임무 수행의 정확도를 넘어, 몸(Body)의 제약 속에서도 안정적으로 기능하는 능력입니다. 생성형 AI에서 역량을 쌓아온 강자들이 하드웨어와 소프트웨어 양쪽에서 다시 한번 기량을 뽐내며 새로운 영역에 도전하는 중입니다.

하드웨어는 반도체가 중요합니다. 인간의 뇌가 약 1.5kg 무게로 감각과 운동, 기억과 감정을 통합하듯이, 로봇의 두뇌도 작고 가벼운 칩 안에 모든 지적 활동을 위한 기반을 갖춥니다. 데이터센터에서 쓰는 고성능 칩을 그대로 휴머노이드 로봇에 넣을 수는 없습니다. 로봇은 배터리로 움직이고, 발열을 제어해야 하며, 실시간으로 판단해야 하기 때문입니다. 같은 로봇이라도 어떤 칩을 쓰느냐에 따라 현장에서 할 수 있는 일의 범위가 달라질 수 있습니다.

소프트웨어는 AI 모델과 데이터 관리가 중요합니다. 로봇이 인간의 언어를 이해하고, 동작을 따라 하고, 낯선 환경에서도 안전하게 움직이려면 방대한 학습이 필요합니다. 시뮬레이션을 통해 학습량을 늘리는 동시에, 현장에서 쌓는 데이터도 중요합니다. 로봇이 현장에서 물건을 집고, 걷고, 장애물을 피하며 쌓은 경험이 많을수록 모델은 더 정교해집니다. 이 영역은 한 번 만들고 끝나는 기술이 아니라, 현장에서 쌓이는 데이터에 따라 계속 업데이트되어야 합니다.

기술 발전 속도가 가장 빠른 만큼, AI 모델의 표준을 먼저 장악하는 쪽이 압도적으로 유리한 시장이 될 수 있습니다. 반도체와 AI 모델 모두 막대한 R&D 투자와 인프라가 필요해서 생성형 AI에서 역량을 쌓은 대형 기술 기업들이 당분간 주도권을 쥘 가능성이 높습니다.

> 서로 다른 기업·제품·시스템이 호환되도록 만드는 공통 규칙
> AI에서 표준을 만든 기업은 가격 결정력, 생태계 통제력, 장기적 수익 구조를 확보할 수 있음

몸

몸(Body)은 피지컬 AI의 생산원가 대부분을 차지합니다. 두뇌가 '무엇을 할 수 있는가'의 한계를 넓히는 중이라면, 몸은 '얼마나 싸고, 빠르게, 많이 만들 수 있는가'를 결정합니다. 피지컬 AI 산업이 폭발적으로 성장하는 시점은 몸을 만드는 비용과 공급망 구축에 달려 있습니다.

로봇의 몸은 눈과 피부로 느끼는 감각(센서), 근육과 관절의 움직임(액추에이터), 심장과 혈관으로 전달하는 에너지(배터리와 전력) 그리고 뼈대(알루미늄, 플라스틱 등의 구조)로 이루어집니다. 그중에서도 휴머노이드 로봇의 성능을 직접적으로 좌우하는 구성요소는 액추에이터와 센서입니다.

액추에이터(Actuator)는 전기에너지를 실제 움직임으로 바꾸는 기계장치입니다. 휴머노이드 로봇이 사람처럼 다양한 동작을 하려면 관절이 많아져야 합니다. 관절의 수에 따라 액추에이터도 늘어나야 하니, 더 자연스러운 움직임을 원한다면 더 많은 액추에이터가 필요한 셈입니다.

액추에이터는 모터, 감속기, 스크류, 베어링, 인코더 같은 정밀부품의 결합체이기 때문에 통합자(Integrator) 기업들은 로봇에 최적화된 '자체 액추에이터'를 설계하는 경우가 많습니다. 하지만, 그 안에 들어가는 핵심 부품들은 글로벌 공급망에서 조달합니다. 자동차 회사가 차량 구조는 설계하지만, 실제 부품 생산과 공급은 수많은 협력사와 분업하는 구조와 비슷합니다. 그래서 액추에이터는 부품 조달, 품질 관리, 원가 절감이 한꺼번에 시험받는 공급망 관리 역량의 무대이기도 합니다.

레이저로 주변 물체의 거리와 형상을 3D로 측정하는 센서

센서는 로봇이 세상을 인식하고, 필요한 데이터를 모으기 위한 감각기관입니다. 카메라로 보고, 레이더와 라이다로 거리감을 인식하고, 손끝에서 접촉과 힘을 느끼도록 설계합니다. 휴머노이드 로봇은 다양한 센서를 몸 곳곳에 달고 움직이고, 그 정보가 두뇌의 판단을 거쳐 몸의 제어로 이어집니다. 센서의 수와 성능, 배치

전파로 물체의 거리와 속도를 측정하는 센서

에 따라 데이터의 신뢰도가 결정되고, 데이터의 질이 좋아질수록 더 정교한 판단을 내릴 가능성이 높아집니다.

액추에이터와 센서의 수가 많고 성능이 뛰어날수록 로봇의 능력은 향상됩니다. 하지만 원가와 공급망 부담도 함께 커집니다. 그렇기에 당분간은 기존 산업에서 규모와 품질을 증명한 기업들이 유리한 출발선에 설 가능성이 높습니다.

피지컬 AI는 자동차산업이나 기존 로봇산업처럼 다른 산업과 가치사슬을 상당 부분 공유하고 있습니다. 전기차 배터리를 만들던 기업이 휴머노이드 로봇의 전력 공급을 맡고, 자동차 센서를 만들던 기업이 로봇의 눈을 만들고, 로봇팔 공급망이 휴머노이드의 액추에이터로 확장되는 식입니다.

하지만, 아직 명확한 표준이 정의되지 않았기 때문에 기존의 강자가 밀려나거나, 새로운 승자가 등장할 여지도 충분합니다. 이 구간의 승부는 성능만이 아니라, 양산 가능한 품질과 원가 그리고 안정적인 공급 능력에서 갈릴 것입니다.

통합자

통합자(Integrator)는 우리가 가장 먼저 '피지컬 AI 기업'으로 인식하게 될 기업들입니다. 두뇌(Brain)와 몸(Body)은 부품과 기술로 쪼개져 있지만, 통합자는 그것을 하나의 제품으로 묶어 시장에 내놓습니다.

통합자는 기술이 얼마나 뛰어난지도 중요하지만, 제조와 운영까지 고려한 제품화 경쟁에 필요한 역량도 갖춰야 합니다. 무엇을 만들지(상품 기획), 어떤 가격에 팔지(원가 설계), 어떤 품질로 양산할지(제조·품질), 어떻게 안전을 담보할지(인증), 그리고 출시 이후 어떻게 운영하고 개선할지(현장 데이터 업데이트)까지 두뇌와 몸을 조합해 빨리 시장이 원하는 제품으로 만들어야 합니다. 그래서 지금 시장에서 눈에 띄는 플레이어는 대체로 제조업 기반의 성숙한 대기업이 많습니다.

통합자의 후보군은 한 업종으로 정해져 있지 않습니다. 제조와 공급망을 다뤄본 기업, 대규모로 제품을 양산해 본 기업, 현장에서 바로 쓸 내부 수요를 가진 기업 그리고 로봇을 제품으로 만들고 운영해 본 경험이 있는 기업이라면 모두 통합자의 후보군이 될 수 있습니다.

자동차 기업이 대표적입니다. 차량을 설계하고 수천 개 부품 공급망을 엮어 대규모로 양산해 본 경험이 휴머노이드 로봇과 겹치기 때문입니다. 게다가 공장과 물류 같은 내부 현장에 먼저 투입해 노동 강도를 낮추고 비용 구조를 개선할 여지도 큽니다.

비슷한 논리로 가전·전자 기업은 '가정용 플랫폼' 관점에서, 이커머스·인터넷 기업은 '물류나 운영 효율' 관점에서, 전통 로봇 기업과 휴머노이드 로봇 스타트업은 '로봇 제품화 경험'과 '집중도' 관점에서 각각 다른 강점을 활용할 것입니다. 통합자 경쟁은 특정 업종의 전유물이 아니라, 제품화 역량과 현장 적용처를 가진 플레이어들이 동시에 뛰어드는 멀티 리그가 될 가능성이 큽니다.

두뇌·몸·통합자라는 피지컬 AI의 세 기둥을 다른 시선으로 바라보면 크게 두 가지로 나눌 수 있습니다.

- 로봇 하드웨어에 직접 탑재되는 요소: 로봇 안에 물리적으로 들어가는 부품들입니다. AI 추론을 담당하는 온디바이스 반도체, 환경을 인식하는 센서, 몸을 움직이는 액추에이터, 전력을 관리하는 배터리처럼 로봇 한 대가 팔릴 때마다 수량도 비례해서 증가합니다. 출하량이 곧 매출입니다. 그 부품들의 원가가 지금 이 산업의 큰 숙제 중 하나입니다.

- 로봇에 들어가지 않지만, 없으면 로봇이 작동하지 않는 요소: 로봇을 훈련시키고, 설계하고, 운용하기 위한 인프라입니다. 피지컬 AI 모델을 학습시키는데 쓰이는 시뮬레이션 플랫폼과 데이터 센터용 GPU, 반도체 회로를 설계하는 EDA 소프트웨어, 대규모 데이터 수집 및 가공 인프라가 여기에 속합니다. 로봇 출하량과 직접 연동되지 않지만, 양산이 시작되기 훨씬 전부터 수요가 발생합니다.

로봇도 인간처럼
관절을 아껴야 한다

사람들이 로봇 영상에 열광할 때, 투자자라면 한 가지를 더 생각해야 합니다. '이 로봇을 1대 판매한다면 남는 장사일까?' 이 질문에 답하기 위해 휴머노이드 로봇을 만드는 데 드는 비용을 살펴보겠습니다.

맥킨지가 2025년 10월에 분석한 자료에 따르면 오늘날 공개되는 휴머노이드 프로토타입의 제품 원가는 보통 대당 약 15~50만 달러(약 2억 2,500만 원~7억 5,000만 원) 수준이라고 합니다. 산업과 서비스 현장에서 인간의 노동을 의미 있는 수준으로 대체하려면 현재 원가의 10% 수준인 2만~5만 달러(약 3,000~7,500만 원)로 내려와야 한다고 지적했습니다.

[테슬라의 Gen2]

출처: tesla.com

실제로 원가를 낮추기 위한 작업은 활발하게 진행되고 있습니다. 업계에서는 현장에 투입될 가능성이 높은 휴머노이드 로봇으로 테슬라의 옵티머스 Gen2를 자주 언급합니다. 이 로봇의 부품 원가는 소프트웨어를 제외하고, 약 5~6만 달러(약 7,500~9,000만 원)로 추정하고 있습니다. 양산이 가능한 수준으로 내려오고 있는 거죠.

부품별로 나눠서 보면 비용은 움직임을 담당하는 액추에이터가 40~60%로 가장 크고, 카메라·라이다·레이더 같은 센서와 연산장치가 10~20%, 기계 구조물이 10~15%, 배터리·전력전자 등 전력 계통이 5~10%, 배선·커넥터·제어가 5~10% 정도입니다. 이 중에서 주목해야 할 건 원가 비중이 큰 액추에이터입니다. 로봇의 관절이자 근육으로 불리는 액추에이터는 설계에 따라 다르지만, 휴머노이드 로봇 한 대에 수십 개가 들어갑니다.

액추에이터는 여러 기계 부품이 조합된 하나의 정밀기계입니다. 그만큼 한 개의 단가가 높고, 부품 조달·검사·조립까지 고려하면 생산하는 데 걸리는 시간은 길어질 수밖에 없습니다. 표준품은 수십만 원대도 있지만, 고사양 주문 제작품은 하나에 1,000만 원이 넘어가기도 합니다.

설계 표준화와 모듈화, 대량생산이 이루어진다면 액추에이터의 개당 가격이나 리드타임은 급격하게 낮출 수 있습니다. 기업들도 양산을 위해서는 액추에이터의 최적 설계가 중요함을 알고 있습니다. 그래서 통합자가 액추에이터를 직접 설계하는 경우가 많은 것이고요. 하지만, 원가의 비중이 크게 내려가는 데까지는 상당한 시간이 걸릴 것 같습니다. 로봇의 움직임이 더 정교해지려면 앞으로 그 수가 늘어날 가능성이 높기 때문입니다.

앞으로 로봇이 출시되기 시작하면 DoF(Degree of Freedom), 자유도라는 개념을 자주 접하게 될 겁니다. 로봇 하나에 필요한 액추에이터의 개수가 이 DoF와 연결되어 있습니다.

손목, 팔꿈치, 어깨처럼 따로따로 움직이는 관절의 수와 같은 개념으로 로봇이 몇 가지 방식으로 자유롭게 움직일 수 있는지를 나타냄 현재 휴머노이드 로봇에서 채택하고 있는 DoF는 16~60 정도입니다. 테슬라의 옵티머스 Gen2는 50 DoF, 보스턴 다이내믹스의 아틀라스는 56 DoF 수준으로 추정됩니다. 그러면 사람의 DoF는 얼마 정도 될까요? 보통 신체 전체는 244, 손은 20~27 정도로 알려져 있습니다. 사람이 거의 4~5배는 많지요.

[에이딘로보틱스의 Robotic Hand]

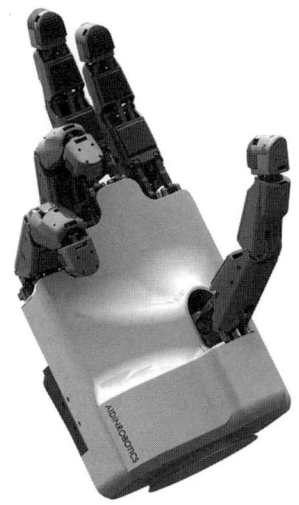

출처: aidinrobotics.co.kr

로봇은 아직 사람의 DoF를 똑같이 구현할 수 없습니다. 가장 복잡한 구조인 사람의 손은 분류 방법에 따라 20~27 DoF나 됩니다. 사람 전체가 아닌 양손만 구현해도, 2026년에 가장 정교한 휴머노이드 로봇의 DoF와 비슷한 겁니다. 로봇이 사람을 닮아갈수록 DoF는 증가할 수밖에 없고, 그만큼 액추에이터도 많이 필요합니다.

휴머노이드 로봇 양산이 본격화되면 피지컬 AI의 병목은 어디서 발생할까요? 골드러시 시대를 떠올려 보겠습니다. 1849년, 캘리포니아에 금이 발견되자 수만 명이 몰려들었습니다. 하지만 정작 큰돈을 번 사람은 금을 캔 사람이 아니었습니다. 금 캐는 사람들에게 곡괭이, 청바지, 텐트를 판 사람들이었죠.

AI 시대도 다르지 않습니다. 생성형 AI가 등장한 후 가장 큰 수혜주로 주목받은 기업은 엔비디아(NVIDIA, NVDA)였습니다. 생성형 AI를 개발·운영하는 기업들에 필요한 데이터센터용 GPU를 공급했기 때문이지요.

피지컬 AI에서도 병목은 생길 겁니다. 병목의 원인은 원가 비중이 크고 공급망이 복잡한 몸(Body)의 기업일까요, AI 혁명의 중심부를 차지한 두뇌(Brain)의 기업일까요, 아니면 이 모든 것을 통합하는 통합자(Integrator)일까요? Part 02에서는 이 세 영역을 하나씩 뜯어보면서 대표적인 기업들을 살펴보겠습니다.

DoF와 액추에이터 숫자는 왜 다른가요?

테슬라의 옵티머스 Gen2는 50 DoF를 구현하기 위해 28개의 액추에이터를 사용합니다. 관절이 많아지면 액추에이터도 늘어나야 한다고 했는데, DoF와 액추에이터의 수는 왜 다를까요?

좀 더 정확히 얘기하면 DoF는 '움직일 수 있는 축의 개수'이고, 액추에이터는 '그 축에 힘을 넣는 근육'입니다. 그래서 여러 관절을 하나로 묶으면 DoF는 여러 개여도 액추에이터는 적게 쓸 수 있습니다.

손을 펴서 검지를 굽혀보세요. 마디가 3개라 단순하게 3 DoF라고 할 수 있지만, 실제로는 세 마디를 완전히 독립적으로 따로 움직이기 어렵습니다. 로봇도 같은 방식입니다. 손가락 관절은 여러 개로 설계하되, 케이블로 묶어 액추에이터 1개가 여러 관절을 동시에 움직이게 만들 수 있습니다. 예를 들어 DoF는 3이지만 액추에이터는 1개로 설계하는 겁니다.

Chapter 03

ETF로 보는
피지컬 AI

새로운 기업과 사랑에
빠지기 전에 해야 할 일

앞의 장에서 피지컬 AI 생태계를 두뇌(Brain), 몸(Body), 통합자(Integrator)로 나눠봤습니다. 그렇다면 실제로 시장은 어떤 기업들에 주목하고 있을까요?

피지컬 AI라는 새로운 시장을 접했을 때, 대다수의 일반 투자자가 먼저 하는 일이 있습니다. 유튜브나 SNS에서 화제가 된 기업을 검색하는 것이죠. '테슬라의 옵티머스, 보스턴 다이내믹스의 아틀라스, 피규어AI의 피규어 03' 같은 이름들이 눈에 들어옵니다. 영상 속에서 로봇이 사람처럼 걷고, 물건을 집고, 넘어졌다가 다시 균형을 잡고, 말로 지시를 알아듣는 모습은 정말 매력적입니다.

머리로는 아직 일어나지 않은 미래이자 산업이 시작되는 초기임을 알지만, 마음은 이미 결론을 내립니다. '이건 다음 시대의 아이폰 같은 거야. 나는 미래에 투자하겠어.'

그러던 어느 날, 뉴스에서 이런 기사를 발견합니다. 'A사, 글로벌 빅테크와 MOU 체결… 휴머노이드 로봇에 핵심 부품 공급 예정' 순간 가슴이 뜁니다. '내가 엄청난 기업을 발견해 냈어!' 사람들은 원래 내가 남들보다 먼저 알아챘다는 감각에 취약합니다. 특히 시장이 새로 열리는 순간에는요.

그날 저녁부터 행동이 바뀝니다. 검색창에 기업명을 치고, 기사 탭을 훑고, 커뮤니티 글을 읽습니다. 유튜브 알고리즘도 순식간에 바뀌어서, SNS 피드에는 로봇 영상과 차세대 핵심 부품 영상이 줄줄이 뜹니다. 이 단계까지 오면, 투자는 이미 마음속에서 결론이 나 있습니다. 남은 건 어떤 종목을 언제, 얼마나 살지 결정하는 일만 남았죠.

그렇게 한 기업의 비전과 기술력에 빠져들면서 투자가 시작됩니다. 기업이 뭘 만들고 있는지, 그게 왜 중요한지, CEO가 어떤 말을 했는지 등 이런 정보를 찾아보는 건 나쁘지 않습니다. 오히려 여기까지라도 오면 평균 이상이죠. 대부분은 뉴스 헤드라인 몇 개, 자극적인 영상 몇 개만 보고 바로 매수 버튼을 누릅니다. 그리고 그 순간부터 확신이 생깁니다. '이 기업이 미래를 바꿀 거야.'

확신이 생기면 투자금도 점점 늘어납니다. 처음엔 시험 삼아 조금, 다음에는 확신을 담아서 조금 더, 그리고 기회는 지금이라는 말이 머릿속에서 자동 재생됩니다. 문제는 여기서부터입니다. 투자할 때 가장 경계해야 하는 일은 특정 기업과 사랑에 빠지는 것이라고 합니다. 사랑에 빠지면, 같은 사실도 다르게 보이거든요. 좋은 뉴스는 '역시'가 되고, 나쁜 뉴스는 '일시적'이 됩니다.

주가가 내려가도 마음은 오히려 더 단단해집니다. '나는 이 기업의 잠재력을 믿어. 지금은 저평가 상태야.' 그러면서 물타기를 시작합니다. 처음엔 좋은 기업에 더 많이 투자할 절호의 기회, 평단가를 낮추는 똑똑한 전략처럼 느껴집니다. 주가가 내려갈수록 더 사고 싶어집니다. 그래야 내 선택이 틀리지 않았다는 느낌을 지킬 수 있으니까요. 이쯤 되면, 물타기는 전략이 아니라 감정의 진정제가 됩니다.

증권 방송을 보면 이런 상담 요청이 많습니다. "제가 A 기업을 샀는데 지금 2,000만 원 들고 있어요. 계속 떨어지는 데 가망이 있을까요?" 여기서 중요한 건 '2,000만 원'이라는 숫자 자체가 아닙니다. 같은 2,000만 원이라도, 전체 투자금의 일부일 때와 거의 전부일 때의 압박은 완전히 다르죠.

그리고 사랑에 빠진 투자의 대가는 나도 모르는 사이 비중이 커지는 방향으로 흘러갑니다. 처음부터 몰아주기를 하지 않았더라도, 떨어질 때마다 사다 보면 결국 그렇게 됩니다. 더 이상 물타기할 돈이 없다는 것을 알게 된 어느 날, 그제야 특정 기업 하나로 기울어져 있는 내 계좌를 마주합니다. 투자금을 늘리지도, 줄이지도 못하고 의도하지 않은 장기투자자가 되는 거죠.

새로운 시장에 투자할 때는 이런 위험에 빠지기 쉽습니다. 미래를 산다고 생각하기 때문입니다. 기업의 스토리가 너무 매력적으로 느껴지면 지금의 실적은 중요하지 않은 것처럼 느껴집니다. 현재의 적자와 사업의 불확실성도 한 문장으로 합리화합니다. '나는 10년 뒤를 보고 투자하는 거야.' 그 말이 틀렸다는 게 아닙니다. 문제는 모든 상황에 그 문장을 방패막이처럼 활용하는 거죠.

좋은 기술과 좋은 투자 사이에는 생각보다 큰 간격이 있습니다. 시장은 시간이 지나면서 기업의 미래에 대한 기대를 검증해 나갑니다. 그 과정에서 주가가 변하죠. 특정 기업을 향해 사랑에 빠지면 '다른 사람들은 틀렸고, 내가 맞아'라고 생각하게 됩니다. 콩깍지가 벗겨지고 객관적으로 바라보면, 주가가 하락하는 데는 다 그만한 이유가 있는데도 말입니다.

내가 투자한 기업이 시가총액 상위의 대형주라면 그 위험성은 덜합니다. 이미 안정적인 사업 기반이 있고, 꾸준히 매출과 이익을 내왔고, 현금흐름도 버텨줄 테니까요. 하지만 그 기업이 아직 시장의 검증을 받은 지 얼마 되지 않았다면 얘기가 달라집니다. 거래 정지되거나 상장 폐지될 수도 있고, 영원히 이전 주가를 회복하지 못할 수도 있습니다.

그렇다면 새로운 시장에서 어떻게 투자를 시작해야 할까요? 제가 생각하는 답은 의외로 간단합니다. 특정 기업 이름부터 검색하는 대신 ETF부터 찾아보는 겁니다. 새로운 시장이 열리고 대중의 주목을 받기 시작하면, 가장 먼저 움직이는 곳이 있습니다. 바로 펀드와 ETF를 출시하는 자산운용사들입니다. 인터넷 붐이 일었을 때, 스마트폰으로 모바일 서비스가 확대될 때, 전기차 시장이 급성장할 때 그리고 최근 생성형 AI가 폭발했을 때도 마찬가지였습니다. 요즘은 특정 테마의 주목도가 높아지면 얼마 지나지 않아 관련 테마의 ETF들이 경쟁적으로 출시됩니다.

ETF는 투자 상품이기도 하지만, 동시에 산업 지도이기도 합니다. 전문가들이 수개월간 리서치한 산업 지도가 포트폴리오라는 형태로 공개된 셈이죠. ETF 운용사가 포트폴리오를 짤 때는, 개인 투자자가 흔히 하는 방식과 반대로 갑니다. 승자를 정해놓기보다 판을 먼저 봅니다. 그리고 기업을 몇 개의 레이어로 나눠 담습니다.

유사한 산업의 기존 기업에 투자

가장 먼저 담는 기업은 인접 산업에서 돈을 벌고 있는 기존 기업들입니다. 신기술이 아직 상용화가 안 됐더라도 실질적인 가치를 만들어 본 경험이 있는 검증된 기업들이죠. 새로운 사업에 대한 의지가 조직 구성으로 나타나기도 합니다. 공장 자동화 솔루션을 제공하던 기업이 협동로봇 사업부를 신설하는 식입니다. 새로운 시장이 열린다고 해서 갑자기 무에서 유가 생기는 게 아니라, 기존 사업의 연장선에서 기회를 찾습니다.

스타트업을 간접 보유한 기업에 투자

다음은 새로운 문법으로 세상을 바꿀 거라고 기대되는 스타트업의 지분을 확보한 기업들입니다. 직접 투자하기 어려운 비상장 유망 기업들을 간접적으로 보유하는 방식입니다. 대기업이 유망

스타트업에 투자하거나 인수하거나 전략적 파트너십을 맺는 순간, 그건 단순 뉴스가 아니라 미래의 옵션을 사는 행위가 됩니다. ETF는 이런 움직임을 포트폴리오에 반영하기도 합니다.

밸류체인을 공유하는 기업에 투자

마지막으로 부품이나 핵심 기술을 공급하는 밸류체인 기업들이 포함됩니다. 최종 승자가 누가 될지 불확실할 때, 운용사는 누가 이겨도 공통으로 필요한 영역을 봅니다. 로봇이 움직이려면 센서가, 판단을 하려면 반도체가, 에너지를 저장하려면 배터리가 필요합니다. 승자 맞히기 게임을 피하면서도 시장 성장의 혜택을 받는 가장 정직한 접근 중 하나입니다.

개별 기업 하나에 높은 비중을 두기 전에, ETF라는 지도를 펼쳐놓고 누가 이 경기에 출전했는지 확인하는 것. 그것만으로도 새로운 시장에 훨씬 안전하게 접근할 수 있습니다. 다시 한번 말하지만, 특정 기업과 사랑에 빠지기 전에 산업 전체의 흐름을 읽는 시각이 반드시 필요합니다.

상장이라는
첫 번째 관문

ETF 포트폴리오를 열어보면 한 가지 공통점이 있습니다. 당연한 얘기처럼 들리지만, 상장 기업으로 구성되어 있다는 점입니다. 어차피 개인 투자자들은 상장사만 거래할 수 있음에도 굳이 '상장' 얘기를 먼저 꺼낸 이유가 있습니다. ETF를 산업 지도처럼 읽으려면, 이 지도가 어디까지 그려져 있고, 어디부터는 비어 있는지부터 알아야 하기 때문입니다. ETF 지도는 무대에 올라온 선수들만으로 그려집니다. 뉴스에서 자주 보는 유망 비상장 기업들은 이 지도에 없습니다. 빈자리를 아쉬워하기 전에, 일단 공개된 지도부터 정확히 읽는 능력이 필요합니다.

상장은 성공 보증이 아니라, 경기장에 들어갈 수 있는 입장권에 가깝습니다. 거래소마다 숫자와 방식은 조금씩 달라도, 결국 "이 회사, 최소한의 기본기는 갖췄나?"와 같은 비슷한 질문을 합니다. 그 기본기는 결국 몇 가지 구체적인 지표로 확인됩니다.

규모

첫째, 규모입니다. 거래소는 회사가 너무 작아서 가격이 출렁이기 쉬운 상태인지 아닌지부터 봅니다. 그래서 시가총액, 자기자본, 매출 같은 체급을 알 수 있는 지표에 최소 기준을 둡니다. 예를 들어 NYSE(뉴욕증권거래소)에는 상장 트랙 중 하나로, 시가총액 2억 달러라는 기준이 있습니다. 코스피도 자기자본 300억 원을 기본 요건으로 두고, 매출과 이익 같은 조건을 함께 봅니다.

재무 건전성

둘째, 회사의 기본 체력입니다. 회계감사를 제대로 받아왔는지, 재무 상태가 너무 위태롭진 않은지(자본잠식 같은 위험 신호), 경영과 주주 구조가 투명한지 등을 봅니다. 투자자에게는 기술만큼이나 회사가 살아남을 수 있는 능력도 중요합니다. 기술이 아무리 혁신적이어도, 회사가 생존하지 못하면 제품도 연구도 오래가지 못합니다.

유동성

셋째, 잘 사고팔 수 있는지(유동성)입니다. 거래소가 유동성을 중요하게 보는 건 결국 투자자를 보호하기 위해서입니다. 주식 거래량이 너무 적다면 사고 싶을 때 못 사고, 팔고 싶을 때 팔 수 없습니다. 그러면 가격이 들쭉날쭉해지고, 작은 소식에도 주가가 널뛰기 쉽습니다.

물론 신규 상장 기업은 아직 거래 이력이 없습니다. 그래서 거래소는 과거 거래량 대신, 상장과 동시에 시장에 풀릴 주식이 충분한지, 주주가 소수에게 몰리지 않고 넓게 퍼져 있는지, 상장 초기에 원활하게 거래되도록 돕는 시장 참여자가 있는지 같은 요소를 점검합니다. 처음 거래가 시작될 때도 주식이 너무 안 팔리거나 가격이 널뛰지 않게 미리 장치를 만드는 거죠.

이 기준들이 완벽한 것은 아닙니다. 상장 이후 과도한 기대를 만족하지 못한 채 주가가 급락하기도 하고, 안정적으로 사업하는 데 실패하여 상장 폐지되기도 합니다. 하지만 최소한 아무나 들어올 수 없는 무대에, 기본 조건을 통과한 팀이라는 의미는 됩니다. 우승을 보장하진 않아도, 경기장에 들어올 자격은 확인된 거죠.

오랜 기간 검증된 기업과 이제 상장해서 검증받기 시작한 기업은 위험의 성격이 다릅니다. 상장한 지 얼마 되지 않은 기업은 '좋은 기업인가'와 별개로, '지금 거래되는 가격을 인정할 수 있는지'를 검증하는 더 엄격한 시험을 받아야 하니까요. 이 경기장에서 오래도록 살아남았다면, 그 기업은 수많은 위기를 이겨내고 존재 이유를 여러 번 증명한 셈입니다.

이 경기장은 하나가 아닙니다. ETF의 보유 종목을 시장별로 보면 흥미로운 패턴이 보입니다. 미국 시장(NYSE, NASDAQ)에는 AI 인프라와 플랫폼 기업들이 집중되어 있고, 일본(도쿄증권거래소)에는 산업용 로봇과 공장 자동화 부품의 강자들이, 한국(KRX)에는 메모리 반도체 기업들이, 대만(TWSE)에는 파운드리와 반도체 기업들이 상장되어 있습니다.

레인보우
로보틱스

각 시장은 각 국가 산업의 강점을 반영합니다. 미국은 AI 플랫폼을 주도하고, 일본은 수십 년간 제조 자동화를 이끌어왔으며, 대만과 한국은 반도체 산업이 강점입니다. 피지컬 AI의 생태계는 태생부터 글로벌하게 구성할 수밖에 없습니다. 한 나라가 모든 걸 다 잘할 순 없으니까요.

마이크로
소프트

ETF 포트폴리오를 보면 엔비디아처럼 검증된 글로벌 빅테크부터 한국의 레인보우 로보틱스(Rainbow Robotics, 277810) 같은 신흥 혁신기업까지 다양한 플레이어가 섞여 있습니다. 피규어 AI나 보스턴 다이내믹스 등 비상장 스타트업은 포함되어 있지 않지만, 이들에 투자한 마이크로소프트(Microsoft, MSFT)나 현대차를 담아 우회적으로 접근할 수도 있습니다. 그렇다면 ETF 운용사들은 이 복잡한 생태계를 어떤 관점으로 바라볼까요?

자동화 로봇 ETF vs AI 인프라 ETF

피지컬 AI에 투자하고 싶어서 ETF를 찾다 보면 같은 테마로 보이는데도 구성이 전혀 달라 헷갈릴 때가 있습니다. 어떤 ETF는 엔비디아를 포함한 빅테크 기업이 중심이고, 어떤 ETF는 화낙이나

ABB같은 전통적인 로봇 기업의 이름이 보입니다. 종목이 겹치지 않으니, ETF마다 수익률도 다를 수밖에 없습니다.

이 차이는 운용사마다 기업을 바라보는 출발점이 다르기 때문입니다. 크게 보면 두 가지 시선이 있습니다. 하나는 '자동화 로봇' 산업의 연장선에서 현장에 적용할 수 있는지를 먼저 보는 시선, 다른 하나는 로봇의 두뇌를 키우는 'AI 인프라' 산업의 연장선에서 밸류체인을 보는 시선입니다. 변화가 많은 섹터라 리밸런싱에 따라 기업의 비중도 계속 바뀝니다.

그럼, 실제 ETF 구성에서는 이 두 시선이 어떻게 드러날까요? 미국 시장에 상장된 ETF 10개를 두 그룹으로 나눠 살펴보겠습니다. ETF 추천 순위나 정답을 맞히고자 함이 아니라는 점을 유념하기 바랍니다. 두 관점에서 전문가들은 포트폴리오를 구성할 때 어디에 무게 중심을 어디에 두는지, 그 ETF를 보면 어떤 기업이 먼저 떠오르는지를 보는 게 목적입니다.

자동화 로봇과 자율주행 중심의 ETF Top 5

ETF	국가	상위 10개 보유 종목 (2026년 2월 기준)		비중 (%)
BOTZ (Global X Robotics & Artificial Intelligence ETF)	미국	엔비디아	NVIDIA	10.78
	스위스	ABB	ABB	10.45
	일본	화낙	FANUC	9.60
	일본	키엔스	Keyence	5.77
	미국	인튜이티브 서지컬	Intuitive Surgical	5.66
	일본	다이후쿠	Daifuku	5.10
	일본	SMC	SMC	4.53
	미국	코그넥스	Cognex	3.41
	일본	야스카와전기	Yaskawa Electric	3.21
	한국	레인보우 로보틱스	Rainbow Robotics	3.10
ARKQ (ARK Autonomous Technology & Robotics ETF)	미국	테라다인	Teradyne	11.01
	미국	테슬라	Tesla	10.47
	미국	크라토스 디펜스&시큐리티 솔루션즈	Kratos Defense & Security Solutions	7.20
	미국	로켓랩	Rocket Lab	4.58
	미국	디어&컴퍼니	Deere & Company	4.48
	미국	AMD	Advanced Micro Devices	4.15
	미국	팔란티어	Palantir	3.71
	미국	에어로바이런먼트	AeroVironment	3.67
	미국	L3해리스 테크놀로지스	L3Harris Technologies	3.21
	미국	아처 에비에이션	Archer Aviation	3.20

ROBO (ROBO Global Robotics & Automation Index ETF)	미국	IPG 포토닉스	IPG Photonics	2.73
	미국	테라다인	Teradyne	2.29
	일본	후지 코퍼레이션	Fuji Machine Manufacturing	1.96
	미국	노반타	Novanta	1.89
	일본	화낙	FANUC	1.88
	한국	고영	Koh Young Technology	1.86
	독일	예노프틱	Jenoptik	1.81
	대만	에어택 인터내셔널 그룹	Airtac International Group	1.80
	일본	SMC	SMC	1.75
	미국	코그넥스	Cognex	1.66
ROBT (First Trust Nasdaq Artificial Intelligence & Robotics ETF)	미국	오셔니어링 인터내셔널	Oceaneering International	2.17
	일본	화낙	FANUC	2.10
	영국	오카도 그룹	Ocado Group	2.00
	영국	키네틱 그룹	QinetiQ Group	1.95
	독일	지멘스	Siemens	1.80
	미국	젠텍스	Gentex	1.74
	미국	시놉시스	Synopsys	1.67
	미국	시스코 시스템즈	Cisco Systems	1.60
	미국	메타	Meta	1.58
	미국	클라우드 플레어	Cloudflare	1.56

DRIV (Global X Autonomous & Electric Vehicles ETF)	미국	엔비디아	NVIDIA	3.00
	일본	도요타	Toyota	2.85
	미국	테슬라	Tesla	2.79
	미국	구글	Alphabet	2.75
	미국	인텔	Intel	2.59
	미국	마이크로소프트	Microsoft	2.55
	미국	허니웰 인터내셔널	Honeywell International	2.40
	미국	퀄컴	Qualcomm	2.06
	영국· 호주	리오 틴토	Rio Tinto	2.04
	대만	WNC	WNC	1.71

AI 인프라 중심의 ETF Top 5

ETF	국가	상위 10개 보유 종목 (2026년 2월 기준)		비중 (%)
AIQ (Global X Artificial Intelligence & Technology ETF)	한국	SK하이닉스	SK hynix	3.86
	한국	삼성전자	Samsung Electronics	3.85
	대만	TSMC	Taiwan Semiconductor Manufacturing Company	3.62
	미국	애플	Apple	3.39
	미국	마이크론 테크놀로지	Micron Technology	3.35
	미국	브로드컴	Broadcom	3.28
	미국	엔비디아	NVIDIA	3.26
	미국	시스코 시스템즈	Cisco Systems	3.25
	미국	메타	Meta	3.23
	미국	구글	Alphabet	3.01

ARTY (iShares Future AI & Tech ETF)	미국	마이크론 테크놀로지	Micron Technology	7.23
	대만	TSMC	Taiwan Semiconductor Manufacturing Company	5.07
	한국	네이버	NAVER	4.87
	미국	AMD	Advanced Micro Devices	4.62
	미국	엔비디아	NVIDIA	4.58
	한국	SK하이닉스	SK hynix	4.01
	미국	코어위브	CoreWeave	3.74
	미국	마벨 테크놀로지	Marvell Technology	3.68
	미국	브로드컴	Broadcom	3.60
	미국	오라클	Oracle	3.22
CHAT (Roundhill Generative AI & Technology ETF)	미국	엔비디아	NVIDIA	6.52
	미국	구글	Alphabet	6.26
	미국	마이크로소프트	Microsoft	4.49
	일본	소프트뱅크	SoftBank	3.97
	한국	삼성전자	Samsung Electronics	3.91
	한국	SK하이닉스	SK hynix	3.79
	미국	메타	Meta	3.69
	미국	아마존	Amazon	3.60
	중국	즈푸 AI	Knowledge Atlas Tech Joint Stock	3.26
	중국	미니맥스	MiniMax	3.21

WTAI (WisdomTree Artificial Intelligence and Innovation Fund)	미국	구글	Alphabet Inc	5.31
	한국	SK하이닉스	SK hynix	5.23
	미국	마이크론 테크놀로지	Micron Technology	4.47
	미국	엔비디아	NVIDIA	4.26
	미국	메타	Meta	3.55
	미국	아마존	Amazon	3.24
	미국	브로드컴	Broadcom	3.01
	미국	오라클	Oracle	2.85
	미국	마이크로소프트	Microsoft	2.70
	미국	테라다인	Teradyne	2.70
THNQ (ROBO Global Artificial Intelligence ETF)	미국	루멘텀 홀딩스	Lumentum Holdings	3.79
	미국	팔로알토 네트웍스	Palo Alto Networks	3.76
	대만	TSMC	Taiwan Semiconductor Manufacturing Company	3.10
	미국	램리서치	Lam Research	3.06
	미국	코그넥스	Cognex	2.98
	미국	테라다인	Teradyne	2.90
	네덜 란드	ASML	ASML Holding	2.85
	미국	아날로그 디바이스	Analog Devices	2.80
	대만	미디어텍	MediaTek	2.79
	독일	인피니언 테크놀로지스	Infineon Technologies	2.65

Part 02
피지컬 AI를 만드는 기술

Chapter 04

로봇의 두뇌를
만드는 칩과 소프트웨어

2024년, 챗GPT를 처음 사용하면서 저는 문득 이런 생각이 들었습니다. '내가 지금 기계랑 대화하고 있는 건가?' 영국의 천재 수학자이자, AI의 아버지라 불리는 앨런 튜링이 70여 년 전에 했던 상상이 현실이 된 겁니다.

그는 '기계도 생각할 수 있는가?'라는 철학적 질문을 던지며, 생각하는 기계를 구분하는 아주 실용적인 기준을 제안했습니다. 사람이 대화할 때, 상대가 기계인지 인간인지 구분할 수 없다면 기계가 생각한다고 보자는 겁니다.

이를 튜링테스트(Turing test)라고 하는데 오랜 기간 AI의 성능이 인간 수준에 도달했는지를 판단하는 상징적인 기준이었습니다. 생성형 AI가 등장한 이후에는 대화만으로 AI를 평가하지 않게 되었지만요.

철학자 데카르트는 '나는 생각한다, 고로 존재한다'라는 말로 인간을 인간답게 만드는 핵심을 생각에서 찾았습니다. AI는 아직 스스로의 존재를 인식하지는 못합니다. 정확히는 계산과 추론을 통해 그럴듯한 답을 하는 수학적 모델이니까요(아직은 말이죠).

소프트웨어

그렇다면 피지컬 AI를 생각하게 하는 핵심은 무엇일까요? 로봇에서 피지컬 AI로 넘어가는 가장 큰 전환점은 두뇌, 즉 소프트웨어입니다. 이번 장에서는 두뇌 영역인 소프트웨어를 파운데이션 모델(Foundation Models), 데이터 사이언스 및 분석(Data Science & Analytics), 시뮬레이션 및 비전 소프트웨어(Simulation & Vision Software) 세 가지로 나누어 살펴보려고 합니다.

두뇌	소프트웨어	파운데이션 모델 데이터 사이언스&분석 시뮬레이션&비전 소프트웨어

Foundation Models:
여러 산업에 활용되는 기본 AI 모델

두뇌(Brain)		
구분	국가	기업
파운데이션 모델 (Foundational Models)	중국 미국 미국 미국 미국	바이두 메타 구글 엔비디아 마이크로소프트	Baidu Meta Alphabet NVIDIA Microsoft

엔비디아가 아닌 또 다른 넥스트 엔비디아를 찾으러 이 책을 읽었다면, 시작부터 김이 조금 빠질 수도 있겠습니다. 피지컬 AI도 결국 엔비디아부터 출발할 수밖에 없습니다. 엔비디아가 왜 또 출발점인지 이해하는 순간, 피지컬 AI 생태계 전체가 보이기 시작합니다. 로봇의 두뇌를 학습시키는 방식이 바뀌었고, 그 변화의 한가운데에 엔비디아가 참전해 있기 때문입니다.

테슬라의 옵티머스가 달걀을 깨지 않고 집어 올리거나 보스턴 다이내믹스의 아틀라스가 백플립을 하며 착지하는 장면에 사람들은 환호합니다. 하지만 그 뒤에는 보이지 않는 전쟁이 있습니다. 물 위에 고고하게 떠 있지만, 수면 아래에서 엄청나게 발을 휘젓고 있는 백조처럼요.

로봇은 매 순간 판단합니다. 물체의 무게중심은 어디인지, 지금 힘을 더 줘도 되는지, 균형이 흔들리면 어느 관절부터 보정할지, 바닥 재질이 바뀌면 마찰이 어떻게 달라지는지 이런 판단

대규모 데이터로 사전 학습되어
다양한 작업에 재활용될 수 있는 범용 AI 모델

은 1,000분의 1초 단위로 반복됩니다. 실시간으로 실수 없이 해야 하죠.

파운데이션 모델(Foundation Models)은 바로 그 계산을 위한 기초 공사입니다. 개발자와 하드웨어는 자연스럽게 그 기초 공사의 표준을 따라 흘러갑니다. 업계의 표준이 된다는 것은 정말 매력적인 일입니다. 엔비디아, 구글, 마이크로소프트 같은 빅테크가 뛰어든 것만 봐도 짐작이 가지요? 개발 생태계의 표준을 선점하는 게임이 시작된 겁니다.

PC용 그래픽 카드로 시작했지만, 병렬 연산이라는
강점 덕분에 AI 학습·추론을 가속하는 데 쓰이는 연산 장치

엔비디아는 이런 표준 게임으로 이미 큰 성공을 거둔 적이 있습니다. 생성형 AI를 학습시키기 위해서는 GPU(Graphics Processing Unit)가 필요하다는 건 이제 상식이죠.

핵심은 이 GPU를 어떻게 활용하느냐입니다. GPU를 활용해 AI를 개발하려면 엔비디아가 만든 CUDA를 거치게 됩니다. CUDA(Compute Unified Device Architecture)는 엔비디아 GPU 위에서 돌아가는 소프트웨어 생태계입니다. 개발자들은 CUDA에서 AI를 개발하고, GPU의 성능을 극대화하는 방법을 프로그래밍합니다. 그 프로그램은 하나의 책처럼 만들어지고, CUDA 생태계에 들어온 사람이라면 누구나 무료로 사용할 수 있게 했습니다.

엔비디아 GPU를 범용 연산 장치처럼
쓰게 해주는 소프트웨어 개발 플랫폼

그러다 보니 도서관에는 새로운 책이 계속 쌓입니다. 이제, AI 개발자들은 다른 도서관에는 갈 엄두가 나지 않습니다. GPU를 파는 회사처럼 보이지만, 실제로는 AI의 성능과 개발 경험을 좌우하는 기반을 쥐고 있었던 겁니다.

엔비디아는 휴머노이드에서도 같은 게임을 시작했습니다. 휴머노이드용 파운데이션 모델인 'Project GROOT'가 그 주인공입니다. 보이는 대로 읽어보죠. 그루트? 영화 <가디언즈 오브 갤럭시>의 나무 생명체인 그루트인가 싶지요? 저는 나무의 뿌리가 떠오르면서, '로봇의 기초 모델(뿌리) =그루트'라는 이미지가 각인되었습니다. 표준을 선점하기 위한 전쟁은 이름 짓기부터 무섭습니다(엔비디아는 공식적으로 마블의 캐릭터를 따온 것이 아니며, Generalist Robot 00 Technology의 약자라고 선을 그었습니다. 의도가 빤히 보이지만, 이쯤에서 넘어가겠습니다).

파운데이션 모델은 아주 많은 데이터를 미리 공부해 둔 '기본 뇌' 같은 AI입니다. 기업들은 처음부터 새로 모델을 만들기보다, 이미 잘 학습된 파운데이션 모델을 가져와 조금만 추가 훈련해서 사용합니다.

파운데이션 모델은 피지컬 AI 소프트웨어의 출발점이고, 이 출발점을 선점한 쪽이 다른 영역의 기회도 자연스럽게 끌고 갈 수 있습니다. 파운데이션 모델로 돈을 벌 생각은 아닐 겁니다. 엔비디아가 CUDA를 무료로 공개하고, GPU에서 큰 이익을 얻는 것처럼요. CUDA를 쓰는 개발자가 늘어나면서 AI 연구는 엔비디아 GPU 생태계에 묶여 있습니다. 여기에 피지컬 AI를 위한 파운데이션 모델까지 장악하면 엔비디아 GPU의 생태계는 더 탄탄해질 수밖에 없습니다.

메타

물론, 엔비디아뿐만 아니라 다른 기업에도 기회는 있습니다. 구글도 안드로이드로 생태계를 만들어봤고, 마이크로소프트는 윈도우와 개발 도구로, 메타(META)는 대규모 모델과 오픈 전략으로, 바이두(Baidu, 9888)는 중국 내 플랫폼과 응용 확산으로 각자의 표준 경쟁을 해본 경험이 있기 때문입니다. 각자의 수익모델에서 유리한 고지를 차지하기 위한 연구와 투자가 있겠죠. 파운데이션 모델 개발은 나무를 베기 전, 도끼를 가는 일과 같습니다. 표준 경쟁은 이제 시작입니다.

바이두

Data Science & Analytics:
데이터가 만드는 경쟁력

두뇌(Brain)			
구분	국가	기업	
데이터 사이언스&분석 (Data Science& Analytics)	미국 미국 미국	팔란티어 오라클 마이크로소프트	Palantir Oracle Microsoft

머지않은 미래. 한 서양인 부부는 중국에서 입양한 딸 미카를 위해 휴머노이드 로봇인 '양'을 데려옵니다. 양은 단순한 로봇의 역할을 넘어, 차를 끓이고, 중국어를 알려주면서 미카의 정체성을 일깨워 주는 남매가 되어갑니다. 그러던 어느 날, 양이 작동을 멈추자 가족은 양을 수리하기 위한 방법을 찾아 나섭니다. 그러다

특별한 메모리 저장장치를 발견합니다. 메모리 안에는 양이 미카와 나눈 대화, 함께 본 풍경, 기억하고 싶었던 순간들이 담겨 있었습니다. SF영화 <애프터 양>에서는 감성적인 질문이지만, 휴머노이드를 개발할 때도 비슷한 질문을 하게 됩니다. "무엇을 기록할 것인가?" "어떻게 저장하고 분석할 것인가?" "어떤 데이터는 실시간으로 보내고, 어떤 데이터는 로봇 안에 남길 것인가?" 피지컬 AI 개발자에게 기록할 데이터는 단순한 숫자나 로그가 아니라, 다음 행동을 바꾸는 학습을 위한 소중한 메모리가 되기 때문입니다.

사람이 걷다가 미끄러져 넘어졌다고 해봅시다. 우리는 다음부터 조심해야겠다고 생각하고 넘깁니다. 하지만, 휴머노이드에게 이 경험은 성능 개선을 위한 정보입니다. 같은 환경에서 넘어지지 않으려면 이 소중한 정보를 기록해야 합니다. 그 순간의 영상, 각 관절의 움직임, 바닥에서 감지한 마찰력, 로봇에게 내려진 제어 명령처럼 데이터가 남아있어야 왜 넘어졌는지를 알 수 있습니다.

여기서 현실에 부딪힙니다. 영상부터 각종 센서와 제어 명령까지 피지컬 AI 하나가 실시간으로 만들어내는 데이터는 너무 많기 때문입니다. 개발단계에서는 원본 데이터를 모두 저장하기도 하지만, 공장에 로봇 한 대만 들어가는 것은 의미가 없습니다. 수십 대, 수백 대가 현장에 배치되고, 각 로봇이 겪는 실패와 예외가 중앙으로 모이고, 다시 정책과 소프트웨어로 되돌아가야 비로소 생산성 향상을 위한 선순환 구조가 작동하기 시작합니다.

이때 데이터 분석 소프트웨어의 필요성이 커집니다. 모든 데이터를 저장하고 관리하는 게 아니라 똑똑하게 남기는 구조로 갈 수밖에 없습니다. 평소엔 요약한 데이터로 운영하고, 사건이 생기면 데이터의 조각을 꺼내 분석하는 방식입니다. 넘어짐이나 충돌처럼 사건이 터졌을 때만 그 전후 구간의 원본 데이터를 잘라서 상세하게 분석하는 거죠.

팔란티어

이 작업을 잘하는 기업이 팔란티어(Palantir, PLTR)입니다. 팔란티어는 로봇을 만들지 않지만, 로봇이 쏟아낼 수많은 데이터를 학습 가능한 기억이 되도록 정리하는 소프트웨어 플랫폼을 제공합니다. 로봇 기업에 Foundry/AIP 플랫폼을 공급해 센서 데이터를 분석하고, 현장에서 바로 처리하는 엣지 컴퓨팅까지 지원하는 방식입니다.

팔라다인 AI

조직의 데이터·AI·의사결정·실행을 하나로 엮어내는 기업용 운영체계
(Foundry=데이터 계층, AIP=AI 계층)

데이터를 멀리 보내지 않고, 가까운 서버에서 바로 처리하여 효율을 극대화

실제 협업 사례로는 웨어러블 로봇을 개발하던 미국의 사코스(Sarcos)가 있는데, 이 기업은 AI 소프트웨어 중심 기업으로 전환하며 팔라다인 AI(Palladyne AI, PDYNW)로 사명을 변경했습니다.

로봇 한 대에서 수백 개 센서가 실시간으로 뿜어대는 데이터를 전부 클라우드로 넌지는 것은 비효율적입니다. 팔란티어의 방식대로 현장에서 필요한 데이터만 걸러 비용과 지연을 줄이고, 업데이트를 전체에 배포하는 구조가 현실이 되면 어떨까요? 피지컬 AI는 하드웨어로 끝나는 제품이 아니라 소프트웨어로 계속 진화하는 서비스가 될 겁니다.

피지컬 AI의 성장은 데이터 인프라 기업과도 직결됩니다. 휴머노이드 도입 기업이 늘어날수록, 로봇 한 대의 뇌보다 로봇 수백

대의 운영 체계가 더 중요해지기 때문입니다.

산업용 데이터베이스와 클라우드 인프라 산업을 주도하는 오라클(Oracle, ORCL)과 Azure IoT와 디지털 트윈 플랫폼 경험을 가진 마이크로소프트에 기회가 있는 이유도 여기에 있습니다. 기본 데이터 인프라를 쥔 기업이 로봇 운영의 표준도 선점할 가능성이 있기 때문이죠.

사물인터넷(IoT) 기기들을 클라우드와 연결해 관리·분석·자동화할 수 있도록 만든 플랫폼

현실 시스템을 가상 공간에 복제해 분석·예측하는 플랫폼

아직 데이터 기업과 휴머노이드 진영 간 경쟁이나 협력 구도는 포착되지 않지만, 방향은 뚜렷합니다. 피지컬 AI가 상용화되면 경쟁의 중심은 하드웨어 스펙뿐만 아니라, 데이터를 다루는 운영 능력까지 이동할 것입니다. 자체적으로 역량을 확보할지, 전문 기업의 도움을 받을지는 지켜봐야겠지만 말입니다.

Simulation & Vision Softwares:
가상에서 검증하고 현실에서 실행하는 기술

두뇌(Brain)		
구분	국가	기업
시뮬레이션& 비전 소프트웨어 (Simulation& Vision Software)	스웨덴 미국 미국 독일 미국 프랑스	헥사곤 엔비디아 메타 지멘스 구글 다쏘시스템	Hexagon NVIDIA Meta Siemens Alphabet Dassault Systemes

휴머노이드는 넘어지면서 배웁니다. 문제는 그 '넘어짐'이 너무 비싸다는 데 있습니다. 현실에서 한 번 넘어지면 부품이 망가지고, 사람의 안전이 걸리고, 현장은 멈춥니다. 그래서 피지컬 AI의 학습은 아이러니하게도 현실이 아니라 가상 세계에서 시작합니다. 실패라는 값비싼 비용을 줄이기 위해서입니다. 실패를 수천 번 반복할 수 있어야 성공 확률이 올라가니까요. 피지컬 AI에게도 실패는 성공의 어머니입니다.

시뮬레이션은 피지컬 AI에게 최고의 훈련장입니다. 로봇이 투입될 환경을 먼저 만들고, 그 안에서 시행착오를 겪게 하고, 실패를 기록으로 남기고, 성공하는 움직임을 빠르게 늘려갈 수 있습니다. 중요한 건 3D로 예쁘게 만드는 게 아닙니다. 바닥의 마찰이 바뀌면 균형이 어떻게 흔들리는지, 조명이 바뀌면 카메라 인식이 얼마나 달라지는지, 물체의 무게가 다르면 손의 움직임이 어떻게 달라져야 하는지 같은 현실적인 요소가 가상 환경에 얼마나 정직하게 들어가 있는지가 핵심입니다.

로봇과 자율 시스템을 가상 환경에서 설계·훈련·검증할 수 있는 시뮬레이션 소프트웨어

시뮬레이션이 피지컬 AI에게 가상의 세계를 제공한다면, 비전 소프트웨어는 그 세계를 그럴듯하게 만듭니다. 그래서 둘은 한 세트로 움직입니다. 비전 소프트웨어는 그래픽 처리를 하는 GPU와 연결되어 있습니다. 그러니 피지컬 AI의 시뮬레이션에서도 엔비디아가 가장 주목받는 기업인 것은 부인할 수 없죠. 대표적으로, 미국의 피규어 AI나 어질리티 로보틱스(Agility Robotics, 비상장) 같은 휴머노이드 기업들은 엔비디아의 Omniverse와 Isaac Sim을 활용하고 있습니다. 구글과 메타도 시뮬레이션과 비전 영역에 강한 연

물리 법칙이 반영된
엔비디아의 3D 가상 세계

헥사곤

구 자산을 갖고 있습니다. 구글의 AI 연구조직인 구글 딥마인드는 MuJoCo라는 물리 시뮬레이터를 인수해서 오픈소스로 운영하고 있고, 메타는 시뮬레이션 플랫폼 Habitat/Habitat-Sim과 비전 모델인 SAM·Detectron2를 자체 개발해 공개해 왔습니다.

하지만 훈련장이 아무리 좋아도, 휴머노이드가 진짜 돈이 되려면 현장을 제대로 알아야 합니다. 생성형 AI의 발전으로 모든 소프트웨어 기업을 대체할지 모른다는 우려가 있지만, 현실을 복제하는 일은 그리 간단하지 않기 때문입니다.

지멘스

현실 세계를 디지털로 옮겨본 기업은 미국보다 유럽을 주목해봐야 합니다. 헥사곤(Hexagon, HEXA-B), 지멘스(Siemens, SIE), 다쏘시스템(Dassault Systemes, DSY) 같은 유럽의 산업 소프트웨어 기업들이 그 주인공입니다. 현장의 규칙은 수십 년간 쌓인 도면, 공정 데이터로 이루어져 있고, 유럽 3사는 그 데이터를 디지털로 만드는 도구와 표준을 가지고 출발합니다.

다쏘시스템

스웨덴의 헥사곤은 광학 센서와 현실 포착(reality capture) 기술을 앞세워, 현실을 정밀하게 디지털로 옮기는 데 강점이 있는 기업입니다. 자율주행차가 목적지까지 가려면 지도가 필요하듯, 휴머노이드도 정밀한 공간 데이터가 필요합니다. 가상 세계에서의 학습 성과는 현실을 얼마나 정확하게 구현했는지, 즉 입력 데이터의 품질에서 결정되기 때문입니다. 시뮬레이션에서의 실패가 의미 있으려면 공장이나 건설 현장 같은 공간을 측정해서 디지털로 복제할 수 있어야 합니다.

특히, 매출의 25% 이상을 차지하는 Geosystems 사업부는 스캔 데이터로 디지털 트윈을 만드는 기술의 대중화에 집중하고 있습니다. 2025년에는 헥사곤이 구현하는 디지털 환경과 엔비디아의 Omniverse를 통합하기로 하며 엔비디아와의 협업을 발표하기도 했습니다.

헥사곤이 중국 휴머노이드 로봇 기업인 유니트리 로보틱스의 시리즈 B 라운드에 투자자로 참여한 것은 휴머노이드 산업과 디지털 트윈 기술의 시너지를 활용하겠다는 의지를 보여주는 사례입니다. 유니트리 로보틱스의 로봇이 공장이나 창고에서 일하려면, 그 공간의 정확한 디지털 복제본이 필요합니다. 헥사곤이 스캔한 현실 공간에서 로봇이 시뮬레이션으로 학습하고, 학습 결과를 다시 현실에 배포하는 루프가 만들어지는 겁니다.

독일의 지멘스와 프랑스의 다쏘시스템은 전통 제조 현장의 운영체제 같은 회사들입니다. 휴머노이드가 아무리 새로운 로봇이라 해도, 공장과 물류 현장에 투입되면 현장의 규칙 안에서 일하는 방법을 배워야 합니다. 지멘스와 다쏘시스템은 작업 순서, 안전구역, 설비 간섭, 작업자 동선과 같은 제조 현장의 규칙을 오랫동안 다뤄왔습니다. 지멘스의 디지털 트윈은 단순한 3D 모델을 넘어서, 공장 전체의 데이터와 공정 규칙을 결합해 현실에 가까운 가상 현장을 만들려는 시도를 해왔고, 다쏘시스템의 PLM(Product Lifecycle Management, 제품 생애주기 관리)은 설계와 공정, 품질 데이터를 한데 묶어 제조의 지식이 축적되는 그릇으로 평가받기도 합니다. 엔비디아가 로봇이 훈련할 체육관을 만든다면, 지멘

제품의 전 생애주기를 하나의 디지털 플랫폼에서
설계·검증·제조·관리까지 통합하는 산업용 운영 체계

스와 다쏘시스템은 그 체육관에서 가르칠 교과서를 가진 쪽입니다.

앞으로는 누가 로봇이 배울 현장을 디지털로 옮기는지도 함께 봐야 합니다. 현실의 실패는 비싸고 위험합니다. 가상의 실패는 싸고 반복이 가능합니다. 휴머노이드가 시제품에서 산업이 되려면, 실패를 가상으로 옮기는 기술이 함께 성숙해야 합니다. "실패 비용을 낮추는 회사가 누구인가?" 피지컬 AI 시대에 그 답은 생각보다 다양합니다.

하드웨어

별주부전에서 용왕의 병을 치료하기 위해 신하인 자라는 토끼의 간을 구하러 갑니다. 자라는 토끼를 속여서 데려왔지만, 마지막 순간, 토끼가 이렇게 말하죠. "간은 밖에 두고 왔는데요?" 그렇게 토끼는 살아남습니다. 말도 안 되는 궤변인데, 이상하게 설득이 됩니다. 자라는 중요한 건 몸에 늘 달고 다니는 게 아닐 수도 있겠다는 생각이 들었기 때문입니다.

토끼의 간이 밖에 있다는 건 속임수였지만, 피지컬 AI는 정말로 뇌를 두 곳에 나눠 둡니다. 로봇 몸 안에는 지금 당장 움직이기 위한 반도체가, 로봇 몸 밖 데이터센터에는 더 똑똑해지기 위한 학습과 시뮬레이션을 담당하는 반도체가 있습니다. 용왕이 휴머노이드 로봇의 뇌를 요구한다면, 로봇은 이렇게 말할지도 모릅니다. "이런, 제 뇌는 데이터센터에 두고 왔네요."

피지컬 AI 산업은 "로봇에 반도체가 몇 개 들어가나?"와 같은 단순한 질문으로 해결되지 않습니다. 로봇 밖(데이터센터)은 규모의 게임입니다. 더 큰 모델을 더 빠르게 학습시키는 쪽이 이깁니다. 반대로 로봇 안(엣지)은 신뢰의 게임입니다. 제한된 전력과 열 안에서 지연 없이, 끊기지 않고, 안전하게 판단을 이어가야 합니다. 같은 AI 칩처럼 보여도 게임의 규칙이 다릅니다.

이 두 개의 뇌를 이해하려면 반도체 산업을 기능과 밸류체인으로 함께 봐야 합니다. 먼저 로봇의 지능을 직접 만드는 연산과 이미지 처리용(Vision& Compute) 반도체가 있고, 그 지능을 움직이게 하는 메모리(Memory) 반도체가 있습니다. 그리고 이 칩들을 설계하는 생태계(Designers)와 실제로 찍어내는 공장(Fab)이 뒤에서 받쳐줍니다. 네 개의 산업이 맞물려 피지컬 AI의 두뇌를 완성합니다. 피지컬 AI의 몸(Body) 구성에 필요한 아날로그 반도체는 Chapter 05에서 다루겠습니다.

두뇌	반도체	비전&연산
		메모리
		설계
		제조

비전·연산 반도체

두뇌(Brain)		
반도체(Semis)		
구분	국가	기업
반도체 (비전&연산) (Semis(Vision& Compute))	미국 미국 이스라엘 미국 미국 중국	인텔 엔비디아 모빌아이 암바렐라 퀄컴 호라이즌 로보틱스	Intel NVIDIA Mobileye Ambarella Qualcomm Horizon Robotics

로봇의 뇌를 이루는 반도체는 크게 두 가지 일을 합니다. 하나는 세상을 보게 만드는 시각 처리이고, 다른 하나는 보고 난 뒤 생각하게 만드는 통합 연산입니다. 이 두 기능이 합쳐져야 로봇은 주변 환경을 인식하고 정확한 판단을 내릴 수 있습니다. 휴머노이드의 뇌 역할을 하는 반도체는 한곳에 몰려 있지 않습니다. 기능에 따라 몸속 곳곳에 전략적으로 배치됩니다. 시각 처리와 통합 연산은 위치부터 다릅니다.

비전 반도체는 눈 뒤에서 정보를 정리하는 전방 지휘소입니다. 카메라·레이더·라이다 바로 옆, 센서 모듈 주변에서 최초의 영상을 1차로 정리합니다. 센서에서 모으는 데이터는 해상도와 프레임이 올라갈수록 초당 데이터가 기하급수적으로 커지고, 카메라가 여러 개라면 금방 감당하기 어려운 규모가 됩니다. 이걸 그대로 몸통까지 보내면 전송 속도가 느려지고, 배선도 복잡해집니다. 그래서 센서 근처에서 필요한 정보만 추려 다음 단계로 넘깁니다.

로봇이 눈앞의 상황을 인지하는 시간을 줄이기 위한 배치입니다. 우리 눈의 망막이 뇌로 신호를 보내기 전에 한 차례 처리를 해주는 것과 비슷합니다.

카메라로 들어오는 영상을 기기 내부(엣지)에서 바로 인식·판단·처리할 수 있도록 만든 통합 반도체

미국의 암바렐라(Ambarella, AMBA)는 이 전방 지휘소의 대표 주자입니다. 비전 반도체는 이미지 신호 처리와 비디오 인코딩, AI 가속을 한 칩에 통합하는 방향으로 가고 있습니다. 암바렐라도 CES2026에서 여러 센서를 묶어 처리하는 엣지 AI 비전 SoC(System on Chip)를 전면에 내세웠습니다. 핵심은 센서 근처에서 데이터 양과 지연을 줄여 병목을 해결하고, 중앙의 통합 연산이 더 중요한 판단과 제어에 집중할 수 있도록 부담을 줄여주는 것입니다.

모빌아이(Mobileye, MBLY)는 자율주행에서 이 역할을 해오던 이스라엘 기업입니다. 휴머노이드 로봇도 실시간성과 안전성이라는 관점에서 자율주행과 같은 문제를 공유합니다. 특히 사람과 같은 공간에서 움직이는 기계라면 안전은 필수입니다. 모빌아이는 자동차 영역에서 이중화와 실패 대비를 강조해 왔고, 이런 안전 중심 접근은 로봇의 시각 처리와 판단 구조에도 그대로 필요한 조건입니다. 2026년에는 휴머노이드 스타트업 Mentee Robotics 인수를 발표하며 자율주행에서 쌓은 기술을 휴머노이드로 확장하는 전략을 실행하고 있습니다.

운전자의 안전 운전을 돕기 위해 센서와 AI를 활용하는 시스템으로 자율주행과 달리 운전자의 개입이 필요함

중국의 호라이즌 로보틱스(Horizon Robotics, 9660)도 이 시장의 경쟁이 치열할 수밖에 없는 상황을 보여줍니다. 호라이즌 로보틱스는 중국에서 자율주행과 ADAS(Advanced Driver Assistance

System, 첨단 운전 보조 시스템) 반도체로 성장해 왔고, 유럽을 중심으로 시장을 확대하고 있습니다. 이러한 역량은 제조업이 발달한 중국에서 피지컬 AI 산업으로 자연스럽게 확장될 수 있습니다.

통합 연산 반도체는 몸통 깊숙한 곳의 전략 본부입니다. 보통 가슴이나 등 부위에 위치하는데, 시각 정보뿐 아니라 손끝의 촉각, 관절의 위치, 발바닥의 균형 감각 같은 신호를 한데 모아 최종 판단을 내립니다. 고성능 연산이 만드는 열을 빼기 위해 냉각 장치가 필요하고, 전력 공급도 안정적이어야 합니다. 무게 중심을 흔들지 않기 위해서도 넓고 튼튼한 몸통 중앙이 유리합니다. 보는 일은 센서 가까이에서, 결정하는 일은 몸통 중앙에서 일어나도록 설계되는 셈입니다.

퀄컴(Qualcomm, QCOM)은 연산 반도체의 핵심인 엣지 AI의 방향성을 보여줍니다. 엣지 AI는 로봇 몸 안에서 돌아가는 AI입니다. 데이터센터에서 모델을 만들고 학습시키는 것과 달리, 지금 이 순간의 판단이 핵심입니다. 로봇은 네트워크가 끊겨도 멈추면 안 되고, 1초 늦은 정답보다 0.1초 빠른 안전한 판단이 더 중요할 때가 많습니다. 그래서 엣지 AI의 성능은 연산량만으로 결정되지 않습니다.

같은 AI 반도체처럼 보여도 로봇마다 센서 조합과 배터리 조건이 달라서 하나의 승자로 수렴하기보다 여러 해답이 공존할 수 있습니다. 로봇이 현장에서 끊기거나 배터리가 빨리 닳으면, 성능이 좋아도 쓸 수 없습니다. 최고 성능도 중요하지만, 전력과 발열, 지연시간, 안정성이 함께 맞아야 하고, 통신과 연결성까지 고려하는 것이 중요한 이유입니다.

퀄컴은 로봇용 프로세서와 개발 플랫폼을 내세우며 로봇에서의 온디바이스 AI와 연결성을 강조합니다. 모바일 시장에서 축적해온 저전력 고효율의 강점을 잘 살린다면 이 시장을 선도할 수 있습니다.

인텔(Intel, INTC)은 설계, 제조, 패키징, 판매까지 모두 자체적으로 수행하는 종합 반도체 기업입니다. 과거의 영광을 잃어간다는 이미지가 있지만, 기존 인프라와의 호환성이나 범용성을 고려하면 여전히 엣지 AI에서 강점을 보유하고 있습니다.

데이터센터의 중심, 엔비디아

피지컬 AI의 뇌가 존재하는 로봇 밖, 데이터센터도 중요합니다. 엔비디아는 비전 반도체나 엣지 AI에서도 선두 주자이지만, 로봇 밖의 뇌를 만들어 가는 기준점도 되는 회사입니다. 피지컬 AI의 수가 늘어날수록 현장에서 생기는 데이터와 예외 상황이 많아집니다. 그만큼 학습과 재학습의 수요도 함께 커집니다.

엔비디아는 2026년 상반기를 기준으로 이미 시가총액 1위의 기업입니다. 다만 이후의 성장은 로봇 한 대에 칩이 몇 개 들어가느냐보다 로봇 지능을 생산하는 공장이 얼마나 확대되는지, 그에 따른 데이터센터가 얼마나 더 크고 많아지는지에 영향을 받습니다.

산업 초기에는 피지컬 AI가 늘어나는 수 이상으로 데이터센터 수요가 커질 수밖에 없습니다. 피지컬 AI의 성능은 시뮬레이션에서 얼마나 많은 시도를 했는지, 그 학습량에 비례하게 됩니다.

로봇 대수보다 학습 인프라의 규모와 효율에 더 민감하게 반응할 수밖에 없는 이유입니다. 휴머노이드 기업이 구축하는 데이터센터가 이를 증명합니다. 테슬라는 2024년 말에 엔비디아 칩으로 대규모 피지컬 AI 훈련장을 구축했습니다. 다른 휴머노이드 기업인 피규어 AI 역시 데이터 수집과 훈련, 시뮬레이션을 확대하는 방향으로 자본을 모으고 있습니다.

메모리 반도체

두뇌(Brain)		
반도체(Semis)		
구분	국가	기업
반도체(메모리)(Semis (Memory))	한국 한국 미국	삼성전자 SK하이닉스 마이크론 테크놀로지	Samsung Electronics SK hynix Micron Technology

시각 처리와 통합 연산의 경쟁이 치열해질수록, 실제 성능과 비용을 가르는 병목은 메모리 쪽에서도 발생합니다. 다른 반도체들은 설계에 따른 주문형 제품이라면 메모리는 표준형 제품에 가깝습니다. 중요한 것은 안정적인 생산과 고객의 신뢰입니다. 고객은 약속한 물량을 제때, 같은 품질로 받기를 원합니다.

이 특성이 메모리 산업을 규모의 경제와 효율성 싸움으로 만들었습니다. 설계와 생산이 분리되는 반도체 시장에서 메모리는 설계부터 생산까지 한 회사가 끝까지 책임지는 체제가 굳어졌습니다. 결국 한국의 SK하이닉스(SK hynix, 000660)와 삼성전자, 미국의 마이크론 테크놀로지(Micron Technology, MU)라는 3강 구도로 수렴했습니다.

SK 하이닉스

표준품의 세계에서는 대체가 쉽습니다. 그래서 호황기에는 혹시 제품을 제때 못 받을 것을 우려해 주문을 부풀리고, 불황기에는 이미 쌓아둔 재고부터 소진하면서 주문이 급감합니다. 반면 공장은 짓고 안정화하는 데 시간이 오래 걸립니다. 수요는 빨리 바뀌는데 공급은 느리게 움직이니, 그 틈은 주가의 급등과 급락으로 메워집니다. 메모리가 다른 반도체보다 사이클에 더 민감하게 움직이는 이유입니다.

마이크론 테크놀로지

데이터를 주고받는 통로를 넓혀 데이터를 빠르게 주고받을 수 있도록 설계된 고대역폭 메모리 반도체

그런데 AI 시대의 메모리는 예전과 조금 달라졌습니다. 새로운 형태의 메모리인 HBM(High Bandwidth Memory)이 필요해졌기 때문입니다. 예전에도 데이터가 다니는 더 넓은 통로는 분명히 도움이 됐습니다. 다만 그 비싼 값을 치를 만큼 절실한 순간이 지금처럼 자주 오지 않았습니다.

과거의 컴퓨팅 방식은 코스요리 식당 같았습니다. 손님이 한 테이블씩 들어오고, 요리가 순서대로 나가며, 주방도 그 흐름에 맞춰 움직입니다. 문이 아주 넓지 않아도 식당은 돌아갑니다. 중요한 건 좌석 수를 늘리거나, 창고를 넓혀 재료를 충분히 쌓아두는 일이었습니다. 메모리 반도체도 통로를 넓히는 것은 중요하지 않았죠.

하지만 AI 시대가 열리면서 풍경이 바뀌었습니다. GPU가 중심이 된 연산은 패스트푸드점이라고 볼 수 있습니다. 문제는 주방이 아니라 문입니다. 주방은 엄청난 속도로 요리를 만들 수 있는데, 손님이 한꺼번에 몰리면 좁은 문에서 줄이 길어집니다. 이 순간부터 주방은 다음 주문을 기다리며 놀게 되고, 전체 과정이 느려집니다. 계산이 아니라 출입이 병목이 되는 것입니다.

HBM은 그 병목을 정면으로 겨냥합니다. 문을 넓히고, 그 문을 주방 바로 옆으로 붙여 동선을 최적화합니다. 손님이 몰려도 한 번에 더 많은 음식이 빠져나가게 만드는 방식입니다. 대규모 AI 학습에서는 HBM이 선택이 아닌 필수가 되었습니다.

문을 크게 만들고 계속 열어두면 끝날 것 같지만, 현실은 그렇지 않습니다. HBM은 문을 열어두는 동안 전기를 많이 쓰고, 그에 따라 열도 많이 발생합니다. 크게 만드는 것도 어렵고, 유지하는 것도 어렵습니다. 해결해야 할 문제가 많아서 당분간은 기술격차가 경쟁에 큰 영향을 줄 것입니다.

HBM은 만들 수 있는 회사가 제한되어 있고, 고객은 한 번 계약을 체결하면 공급사를 쉽게 바꾸지 않습니다. 엔비디아가 메모리 반도체 업체와의 협력을 강화하는 이유이고, SK하이닉스와 삼성전자에 대한 투자자의 기대도 이런 흐름을 반영합니다.

현재 HBM 구도에서 엔비디아의 핵심 공급사로 거론되는 SK하이닉스는 세계 최초로 상용화한 기업답게 과반의 점유율을 유지하고 있습니다. 삼성전자와 마이크론 테크놀로지는 후발 주자로서 격차를 줄이려고 노력하고 있습니다. HBM 시장은 빠르게 성장하고 있고, AI 인프라 투자가 이어지는 한 이 흐름은 당분간 계속될 것으로 보입니다.

하지만 로봇 안의 경쟁은 기준이 다릅니다. 로봇 안에서 직접 판단하는 엣지 AI용 메모리는 저전력과 끊기지 않는 안정성이 중요합니다. 이 시장은 모바일 DRAM 중심으로 삼성전자, SK하이닉스, 마이크론 테크놀로지 순으로 상위권이 굳어져 왔습니다. 물론, 자동차와 산업용 메모리에서 강점을 가진 마이크론 테크놀로지가 존재감을 키울 여지는 있습니다. 모바일 기기에서 사용하는 저전력 메모리 반도체

피지컬 AI가 메모리 삼국지에 균열을 만들 수 있을까요? 당분간은 로봇 밖 데이터센터의 시장에서의 성과가 메모리 산업의 판을 좌우할 가능성이 큽니다. 피지컬 AI가 늘어날수록 로봇 한 대에 들어가는 메모리보다, 그 로봇을 학습시키는 데이터센터에 들어가는 AI 칩과 HBM이 훨씬 더 빠르게 늘어나니까요.

데이터센터에서 HBM 비중이 커질수록 승부는 더 높은 수율과 빠른 고객 인증으로 이동하고, 로봇이 실전에 투입되면 엣지 AI용 메모리는 저전력과 신뢰성 중심으로 재평가될 것입니다. 아직은 메모리 반도체가 표준품의 특징을 가진 사이클 산업이지만, 피지컬 AI 시대에는 표준품이 가장 기술 집약적인 부품이 될지도 모릅니다.

반도체 설계·제조

두뇌 (Brain)			
반도체 (Semis)			
구분	국가	기업	
반도체(설계)(Semis (Designers))	영국 미국 미국	ARM 홀딩스 시놉시스 케이던스 디자인 시스템즈	Arm Holdings Synopsys Cadence Design Systems
반도체(제조)(Semis(Fab))	대만 한국 미국	TSMC 삼성전자 인텔	TSMC Samsung Electronics Intel

반도체를 이해할 때 핵심은 칩을 제품으로만 보지 않는 것입니다. 반도체를 만드는 일은 결과물이기 전에 과정입니다. 무엇을 하게 만들지 정의하고, 그 기능이 제대로 나오도록 설계한 뒤, 실수가 없는지 미리 점검하고, 공장에서 대량 생산합니다. 이 과정을 보면 피지컬 AI 시장의 진화에 따라 반도체 가치사슬에서 투자자의 관심을 받을 기업이 달라질 수 있음을 이해할 수 있습니다.

생성형 AI 시대에는 핵심 반도체인 GPU를 생산하는 엔비디아가 부가가치 대부분을 차지했습니다. 하지만, 휴머노이드는 카메라만 달린 기계가 아닙니다. 관절 수가 다르고, 센서 조합이 다르고, 배터리 용량과 발열 조건도 다릅니다. 피지컬 AI 시장이 커지면 로봇 전용 칩을 만들려는 시도가 늘고, 그 시도가 늘수록 검증된 기본 설계 자산의 가치는 올라갑니다. 새로운 반도체를 설계할 때마다 모든 것을 새로 만들지는 않습니다. 완전히 처음부터 만드는 건 시간이 너무 오래 걸리고 실패 비용도 크기 때문입니다.

그래서 반도체 설계의 기초 공사가 중요합니다. 영국의 ARM 홀딩스(Arm Holdings, ARM)는 건물을 지을 때 기초 골조를 제공하듯, 검증된 반도체 설계로 기간을 단축하게 해줍니다. 피지컬 AI가 고객의 요청에 따라 빨리 신제품을 출시해야 하는 상황이 오면 이런 방식은 매력적일 수밖에 없습니다.

ARM
홀딩스

이러한 강점은 ARM의 사업 확장과도 연결됩니다. 2026년 1분기부터 자체 설계한 AI 데이터센터용 CPU를 시장에 선보이면서 하나의 답안지를 내놓기 시작한 것입니다. ARM은 원래 반도체를 직접 만드는 기업이 아닙니다. ARM의 전략 변화는 출시 속도와 시스템 최적화가 중요해진 최근의 흐름을 잘 보여줍니다.

시놉시스

반도체 설계 점검에도 시간이 많이 소요됩니다. 생산이 시작되면 수정이 어렵습니다. 그래서 공장에 넘기기 전에 가능한 많은 실수를 찾아야 합니다. 계산이 맞는지, 예상하지 못한 상황에서 멈추지 않는지, 진기가 불안정하거나 열이 올라가도 버티는지, 이상 신호가 들어오면 안전하게 동작하는지까지 확인합니다. 사람과 함께 일하는 로봇이라면 이 검증은 더 보수적일 수밖에 없습니다.

케이던스
디자인
시스템즈

이 점검을 빠르고 확실하게 해주는 도구인 EDA(Electronic Design Automation)를 만드는 기업이 시놉시스(Synopsys, SNPS)와 케이던스 디자인 시스템즈(Cadence Design Systems, CDNS)입니다. EDA 시장은 두 기업이 60% 이상을 차지하며 양강 체제로 굳어졌고, 크고 작은 인수합병을 통해 시장 지위를 더 강화하고 있습니다. 독과점 구조와 장기계약 중심의 매출 덕분에 실적은 안정적인 편입니다. 반도체를 만들기 전에, 칩 설계를 컴퓨터로 자동화하여 오류를 미리 잡고 양산 가능한 형태로 완성해주는 설계·검증 소프트웨어

하지만 중국 수출 규제나 신규 설계 프로젝트 감소와 같은 전망에 따라 주가가 크게 흔들리는 경우가 많아서 투자 난이도는 높은 편입니다. ARM 홀딩스, 케이던스 디자인 시스템즈, 시놉시스는 누가 로봇 칩 전쟁의 최종 승자가 되든, 경쟁이 활발해질수록 혜택을 받기 쉬운 자리에 서 있습니다. 로봇 기업들의 전용 칩 개발이 활발해지면 이 흐름은 더 강해질 것입니다.

설계와 점검이 끝나면 반도체의 설계도는 공장으로 넘어갑니다. 여기서부터는 생산의 세계입니다. 같은 설계라도 어떤 공정으로 생산하느냐에 따라 성능과 원가가 갈립니다. 제조가 어려울수록 TSMC의 독주는 유지됩니다. 최첨단 공정에서 안정적으로 대량 생산할 수 있는 시설이 제한되어 있기 때문입니다.

피지컬 AI의 반도체가 모두 최첨단 공정에서 만들어지는 것은 아닙니다. 로봇이나 자동차는 비용, 전력, 발열, 수명, 공급 안정성이 더 중요한 판단 기준이 되는 경우도 있으니까요. 여러 공정이 공존하는 시장이 된다면 삼성전자와 인텔이 TSMC와의 격차를 좁힐 수 있을지도 모릅니다.

피지컬 AI 관점에서 보면 로봇의 뇌는 두 곳에 있습니다. 로봇 안에서 즉시 판단하는 칩과 로봇 밖 데이터센터에서 학습하는 칩입니다. 로봇 안에서는 전력과 발열이 먼저이고, 로봇 밖에서는 학습 속도와 규모가 먼저입니다. 이 차이가 반도체 생산 지형을 바꿀 수 있습니다. 피지컬 AI의 뇌를 만드는 경쟁은 누가 더 좋은 칩을 설계했느냐에서 끝나지 않습니다. 누가 시장변화에 더 기민하게 대응하는지가 승부를 가를 것입니다.

Chapter 05

로봇의 몸을 만드는
기계 요소

센서

아기기 데이나시 세상을 만나넌 보는 게 새롭습니다. 흥미롭게 바라보고, 만져보고 모든 걸 입으로 가져가죠. 세상을 탐구하는 겁니다. 시뮬레이션으로 배우고, 현장에서 첫 발걸음을 떼는 휴머노이드 로봇에게도 세상을 아는 방법이 필요합니다. 그 도구가 바로 센서입니다.

손자병법에 상대를 알고 나를 알면 백번 싸워도 위태롭지 않다는 말이 있습니다. 피지컬 AI에게 상대를 안다는 건 주변 상황을 읽는 일입니다. 카메라와 비전 센서로 세상을 보고, 레이더와 라이다로 다른 물체와의 거리를 잽니다. 나를 안다는 건 내 몸의 상태를 느끼는 일입니다. 힘과 토크, 자기장 같은 신호로 지금 내가 어떤 상태인지 읽어냅니다.

피지컬 AI는 똑똑한데 서툴고, 계산은 빠른데 감각은 둔한 친구 같습니다. 그 친구에게 센서와 아날로그 반도체는 너와 나를 아는 도구입니다. 백 번 넘어져도 백 번의 기록이 있다면 다음에는 같은 상황에서 넘어지지 않을 수 있습니다. 상대와 나를 동시에 알아갈 때, 덜 넘어지고, 넘어져도 더 빨리 다시 일어설 수 있습니다.

휴머노이드 로봇이 달걀을 집는 영상을 본 적 있으신가요? 우리에게는 쉬운 일이지만, 달걀을 인식하는 카메라, 손가락에 가해지는 압력을 실시간으로 감지하는 센서가 없었다면 불가능한 일입니다. 미끄러운 바닥에서 균형 잡는 법, 달걀을 터트리지 않고 조심히 잡는 법, 사람이 옆을 지나갈 때 부딪히지 않고 걸어가는 법. 피지컬 AI는 센서를 통해 이 모든 것을 배워갈 겁니다.

카메라와 비전 센서

몸	센서	카메라&비전 센서 레이더&라이다 자기장 센서 힘·토크 센서

몸(Body)		
센서(Actuators & Actuator Parts)		
구분	국가	기업
카메라&비전 센서(Cameras &Vision Sensors)	미국 미국 스웨덴 일본 미국 중국 미국 아일랜드 일본	텔레다인 테크놀 Teledyne 로지스 Technologies 인텔 Intel 헥사곤 Hexagon 소니 Sony 옴니비전 그룹 Omnivision Group 로보센스 RoboSense 온세미 onsemi TE 커넥티비티 TE Connectivity 키엔스 Keyence

움직이는 로봇이 세상을 인식할 때, 한 번의 착각은 충돌과 고장으로 이어집니다. 그래서 피지컬 AI는 세상을 보는 시각을 두 가지로 나눕니다. 하나는 무엇인지 알아보는 감각, 다른 하나는 거리를 재는 감각입니다.

무엇인지 알아보는 감각은 카메라와 비전 센서로 얻습니다. 카메라는 보이는 장면을 통째로 가져옵니다. 한 개의 카메라로는 충분하지 않습니다. 시야가 한 방향이면 사각지대가 커지고, 가리거

소니

나 고장이 나면 외부 인식이 마비됩니다. 너무 밝거나 어두울 때, 움직임이 클 때 인식률도 떨어집니다. 그래서 피지컬 AI는 기본적으로 여러 개의 카메라를 달고 나옵니다. 피규어 AI가 만든 휴머노이드 로봇인 Figure 02의 경우, 외부 인식을 위해 6개의 RGB 카메라를 탑재했습니다.

영상을 만드는 부품

카메라의 핵심 부품인 이미지 센서는 눈의 망막과 같은 역할을 합니다. 피지컬 AI가 늘어날수록 필요한 카메라 개수가 늘어나니, 가장 정직하게 수요가 증가할 부품 중 하나입니다. 시장의 리더는 점유율 50%를 기록하고 있는 일본 회사인 소니(Sony, 6758)입니다. 이미지 센서 관련 사업은 소니 매출의 10% 정도라 비중이 크지는 않지만, 핵심 사업 중 하나입니다.

온세미

자동차나 IoT 분야에서 두각을 나타내는 미국의 온세미(onsemi, ON), 중국의 옴니비전 그룹(OmniVision Integrated Circuits Group Inc, 603501)도 이미지 센서 시장에 진입해 있습니다. 옴니비전 그룹은 윌 세미컨덕터의 새로운 사명으로 OmniVision 브랜드를 전면에 내세웠습니다. 옴니비전은 미국에서 설립되어 나스닥에 상장된적도 있는 이미지센서 기업입니다. 2015년에 중국 투자자에게 인수되어 비상장기업으로 전환되었고, 2019년 윌세미컨덕터에 인수되었습니다.

옴니비전
그룹

온세미의 이미지 센서는 생산 현장이나 자동차처럼 까다로운 환경에서 폭넓게 쓰입니다. 자동차용 시장에서는 독보적인 입지를 갖고 있어, 휴머노이드가 공장이나 물류처럼 거친 현장에 투입될수록 높은 평가를 받을 가능성이 있습니다.

로봇이나 산업현장에서는 카메라에 사물을 인식하는 기능이 더해진 비전 센서를 사용하기도 합니다. 일본의 시가총액 최상위권 기업인 키엔스(Keyence, 6861)가 대표적입니다. 키엔스는 이미지 센서 단품판매에 그치지 않고, 현장에서 즉시 적용할 수 있는 비전 센서 시스템을 제공하는 것으로 유명합니다. 50%를 넘나드는 영업이익률을 기록하며 압도적인 수익성을 자랑합니다. 고객사가 여러 산업으로 다양하게 분산되어 있어 경기 변화에도 강합니다. 일반적인 제조업 영업이익률이 10%를 넘기 어렵다는 점을 고려하면 엄청난 부가가치를 만드는 알짜 기업이라고 할 수 있습니다.

키엔스

다만, 비전 센서의 가격은 어떤 등급으로 갈 것인지에 따라 큰 편차가 있습니다. 카메라(이미지 센서)가 보통 10만 원 이내인 데 비해, 휴머노이드 로봇을 개발할 때 사용하는 비전 센서는 수십만 원을 넘어갑니다. 피지컬 AI가 대량 보급되는 순간, 자연스럽게 단가 이야기가 따라옵니다. 시장에서 받아들일 수 있는 양산형 휴머노이드 로봇의 가격이 5,000만 원이라고 해도, 고사양 비전 센서를 무한정으로 쓸 수는 없습니다. 그래서 로봇 제조사는 원가절감을 위해 비전 센서 대신 여러 개의 카메라(이미지 센서)를 사용하고, Chapter 04에서 살펴본 비전 반도체를 강화하는 선택을 할 수 있습니다.

이 외에도 텔레다인 테크놀러지스, TE 커넥티비티, 로보센스, 인텔, 헥사곤 같은 기업이 다른 영역에서의 강점을 활용하여 피지컬 AI가 세상을 알아보는 데 기여할 수 있는 기업입니다.

레이더와 라이다

몸	센서	카메라&비전 센서 레이더&라이다 자기장 센서 힘·토크 센서

몸(Body)		
센서(Actuators & Actuator Parts)		
구분	국가	기업
레이더&라이다 (Radar&Lidar)	캐나다 미국 미국 미국 프랑스 중국	마그나 인터내셔널 인텔 텔레다인 테크놀 로지스 앱티브 발레오 로보센스	Magna International Intel Teledyne Technologies Aptiv Valeo RoboSense

카메라와 비전 센서가 이미지로 세상을 알아보는 역할을 한다면, 레이더와 라이다는 세상과의 거리를 측정하는 역할을 합니다. 카메라로도 거리감을 확인할 수는 있지만, 레이더와 라이다는 더 직접적입니다.

레이더는 전자기파로 거리를 측정합니다. 가격도 비싸지 않고, 충돌을 피하는 목적으로 활용하기 좋아서 자동차 산업에서 활발하게 사용하고 있습니다.

앱티브(Aptiv, APTV)나 마그나 인터내셔널(Magna International, MGA)이 자율주행용 레이더 시장을 선도하고 있기 때문에 피지컬 AI 산업 전반에서 유리할 것이라고 보는 전문가가 많습니다. 레이더는 조명이나 먼지 같은 환경 변화에 강하다는 장점도 있어, 피지컬 AI의 백업 센서 역할을 하는 필수 부품으로 자리 잡고 있습니다.

앱티브

라이다는 레이저로 주변을 스캔해서 3D 지도를 만듭니다. 양산형 라이다는 가격이 100만 원 아래로 내려오는 중이지만, 카메라나 레이더에 비하면 여전히 비쌉니다. 중국의 로보센스(RoboSense, 2498), 프랑스의 발레오(Valeo, VLOF)가 차량용 양산형 라이다를 생산하는 대표 기업입니다. 다만 두 회사 모두 라이다 사업에서 적자를 기록하고 있어, 수요 증가에도 충분한 수익성을 확보하지 못하고 있습니다.

마그나
인터내셔널

주요 시장의 특성은 조금 다르지만, 미국의 인텔이나 텔레다인 테크놀러지스(Teledyne Technologies, TDY)도 레이더나 라이다 기업으로서 피지컬 AI 산업에 진입할 가능성이 있습니다. 피지컬 AI가 세상을 인식하는 방법은 카메라와 비전 센서로 의미를 읽고, 라이다와 레이더로 거리를 재는 조합을 어떻게 구성하는지에 달려 있습니다. 통합자(Integrator)가 어떻게 가격 경쟁력이 있는 센서 조합으로 성능을 높일지, 뇌의 비전 반도체와 어떻게 역할 분담을 할지에 따라 구도가 크게 달라질 것입니다.

로보센스

발레오

텔레다인
테크놀러지스

자기장과 힘·토크 센서

몸		센서		카메라&비전 센서 레이더&라이다
				자기장 센서 힘·토크 센서

몸(Body)			
센서(Actuators & Actuator Parts)			
구분	국가	기업	
자기장 센서 (Magnetic)	벨기에 미국	멜렉시스 알레그로 마이크 로시스템즈	Melexis Allegro MicroSystems
힘·토크 센서(Force& Torque)	미국 영국 중국 아일랜드	노반타 센사타 테크놀로지스 켈리 센싱 TE 커넥티비티	Novanta Sensata Technologies Keli Sensing TE Connectivity

SF 소설가인 아이작 아시모프는 로봇이 지켜야 할 '로봇 3원칙'을 제시했습니다. 로봇은 인간에게 해를 끼치지 말 것, 인간의 명령에 따르되 인간을 해치지 않는 범위에서만 움직일 것, 그리고 그 두 조건을 지키는 선에서 자기 자신을 보호할 것. 소설 속 설정이지만, 로봇을 설계할 때 가장 많이 언급되는 원칙입니다.

휴머노이드가 인간처럼 움직이고, 우리와 같은 공간에서 살게 된다면 무엇이 필요할까요? 프로그래밍만으로는 충분하지 않습니다. 로봇이 조심하도록 설계되었다고 해서 달걀이 안 깨지고, 사람이 다치지 않는 것은 아니니까요. 로봇 스스로가 지금 자신이 어떤 상태인지 알아야 합니다. 그래야 인간에게 해를 끼치는 게 무엇인지, 스스로 보호하는 것은 무엇인지 판단할 수 있습니다.

보고 피하는 것만으로는 부족합니다. 내가 지금 얼마나 힘을 쓰고 있는지, 손끝에는 무엇이 느껴지는지, 관절에는 어떤 부담이 걸리는지 알아야 합니다. 그래야 사람 옆에서 안전하게 움직이고, 필요하면 멈추고, 스스로 망가지지 않을 수 있습니다. 아무것도 못하는 로봇은 필요 없지만, 자기 상태를 모르는 로봇도 위험합니다.

세상 밖을 아는 센서가 주변에 뭐가 있는지를 알려준다면, 나를 아는 센서는 내가 지금 어떤 상태인지를 알려줍니다. 손끝에 무언가가 닿았는지를 알려주는 자기장 센서, 그리고 얼마나 힘이 들고, 관절에 부담이 걸리는지를 읽는 힘과 토크 센서. 이 두 감각이 있어야 로봇은 조심하는 척이 아니라 실제로 안전하게 움직일 수 있습니다.

자기장 센서는 휴머노이드의 손 끝에서 '지금 뭔가 닿았나?'를 빠르게 잡아냅니다. 카메라가 달걀을 본다면, 자기장 센서는 날걀을 만졌을 때의 느낌을 만들어줍니다. 자석처럼 금속에 붙는 센서를 떠올리면서 '금속만 감지하는 건가?'라고 생각하기 쉽습니다. 하지만 자기장 센서는 그 물체의 자성과 관계없이 작동하도록 설계되어 있습니다. 휴머노이드 손을 예로 들면, 손가락 끝에 자석과 자기장 센서를 같이 넣고 손가락 패드가 눌리거나 변형될 때 자석과 센서 사이 거리와 각도가 바뀌는 값을 읽는 겁니다.

멜렉시스

알레그로
마이크로
시스템즈

[TE 커넥티비티의 자기장 센서]

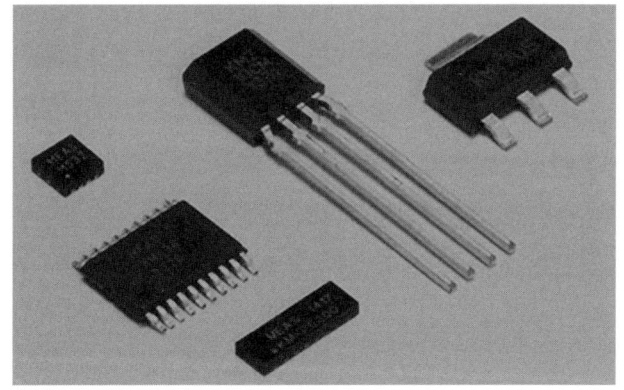

출처: te.com

휴머노이드의 섬세한 동작은 손끝의 감각에 더 의존할 때가 많습니다. 우리가 눈감고도 머리맡에 둔 핸드폰을 찾을 수 있는 것처럼요. 작업은 대부분 손끝에서 이루어지고, 카메라가 가려지는 일이 흔합니다. 이때 접촉을 안정적으로 감지하는 센서가 있으면, 로봇은 잡았다고 착각하는 일을 줄일 수 있습니다. 손이 물체를 제대로 잡았는지, 놓치기 직전인지와 같은 판단은 손끝 감각이 없으면 훨씬 많은 시행착오로 배워야 합니다.

휴머노이드가 늘어나면 손끝에 부착될 이 센서들의 기회도 같이 커지지만, 자기장 센서는 액추에이터의 모터와 인코더에도 사용합니다. 이 기술이 가장 많이 사용되고 있는 산업은 자동차 산업입니다. 벨기에의 멜렉시스(Melexis, MELE)와 미국의 알레그로 마이크로시스템즈(Allegro MicroSystems, ALGM)는 바로 그 자동차 시장에서 경험을 쌓아온 회사들입니다.

멜렉시스는 자동차 산업의 비중이 높은 회사입니다. 휴머노이드용 손끝 촉각센서(Tactaxis) 같은 차세대 기술을 선보이는 동시에, 관절과 모터에 필수적인 포지션 센서와 드라이버 분야에서 검증된 포트폴리오를 보유하고 있습니다. 차 한 대에 수십 개에서 수백 개의 센서를 공급할 만큼 시장 지배력도 탄탄합니다. 업황 악화에도 영업이익률을 10% 중후반대로 방어하며 꾸준히 높은 수익성을 보여주고 있습니다.

알레그로 마이크로시스템즈는 자기장 센서의 강자입니다. 매출의 절반 이상이 자기장 센서에 집중되어 있어 전방 산업의 수요 변화에 민감하게 반응합니다. 20%가 넘는 영업이익률을 기록하며 가파르게 성장할 때도 있지만, 매출 감소와 비용 부담으로 인해 영업이익률이 한 자릿수대로 급락하거나 적자를 기록하기도 합니다.

자기장 센서가 섬세한 접촉을 감지한다면, 힘-토크 센서는 로봇이 세상과 주고받는 에너지의 크기를 측정합니다. 내가 내는 힘이 어느 정도인지 모른다면, 로봇은 종이컵을 구겨버리거나 무거운 짐을 놓쳐버리는 위험한 존재가 될 것입니다.

휴머노이드는 인간의 한계를 넘어서는 고중량 작업과 극한 환경을 견뎌야 합니다. 이때 센서의 신뢰성은 타협할 수 없는 조건이 됩니다. 오차 범위, 내구성, 가혹 조건에서의 작동 여부 등 수많은 검증을 거친 센서는 단순히 부품을 넘어 하나의 안전 인증이 됩니다. 원가 절감의 압박 속에서도 검증된 선두 주자의 센서가 강력한 진입장벽을 구축할 수 있는 이유입니다.

[ATI 인더스트리얼 오토메이션의 힘·토크 센서]

출처: ati-ia.com

이런 관점에서 노반타의 변신은 시사하는 바가 큽니다. 과거 레이저 장비 제조사였던 이들은 이제 로봇의 신경계와 근육에 해당하는 초정밀 부품/센서 기업으로 완전히 탈바꿈했습니다. 그 중심에는 2021년 인수한 6축 힘-토크 센서의 개척자, ATI 인더스트리얼 오토메이션(ATI Industrial Automation, 비상장)이 있습니다. ATI의 6축 힘-토크 센서는 당기고, 밀고, 비트는 모든 방향의 힘을 입체적으로 인지한다는 점에서 휴머노이드가 쓰는 힘의 데이터를 얻는 업계 표준으로 인정받고 있습니다.

노반타는 센서라는 단품의 승리에만 도취하지 않습니다. 센서가 범용화되면 장기적인 가격 경쟁력을 지키기 어렵기 때문입니다. 그들은 센서를 중심으로 액추에이터에 들어가는 인코더, 모터 등 부품 전체를 한 번에 묶어서 제안합니다. 개별 부품의 가격 경쟁을 넘어, 시스템 전체의 최적화라는 더 높은 차원의 가치를 고객사에 제공하면서 AI가 학습할 고품질의 물리 데이터를 제공하고 있는 것입니다.

센사타 테크놀로지스는 압력, 온도, 포지션 등 범용 센서 포트폴리오를, 아일랜드의 TE 커넥티비티(TE Connectivity, TEL)는 전력과 데이터가 흐르는 배선과 커넥터에서의 강점을 바탕으로 이 시장에 진입할 기회를 엿보고 있습니다. 켈리 센싱(Keli Sensing, 603662)도 중국 센서 시장을 중심으로 신뢰성을 쌓아가고 있습니다.

TE 커넥티비티

휴머노이드는 실수하면서 배웁니다. 문제는 넘어지는 것 자체가 아니라, 왜 넘어졌는지를 모른 채 다시 시도하는 것입니다. 자기장 센서와 힘-토크 센서는 그 이유를 데이터로 남깁니다. 아무리 정교한 시뮬레이션도 실제로 부딪히는 순간을 대신할 수 없습니다. 그 실수의 순간을 기록하는 센서가 피지컬 AI를 진짜 세계로 데려오는 열쇠입니다.

켈리 센싱

액추에이터 및 부품

액추에이터는 휴머노이드 로봇에서 가장 원가 비중이 높은 부품입니다. 액추에이터의 구성품인 모터, 감속기, 스크류, 베어링, 인코더는 전체 원가의 절반이나 차지합니다. 휴머노이드 로봇 양산화를 목표로 하는 통합자(Integrator)에게 액추에이터의 원가를 낮추는 것은 핵심 과제 중 하나입니다.

액추에이터는 휴머노이드 이전에도 산업 전반에서 폭넓게 쓰여 왔습니다. 공장 자동화처럼 정밀하게 반복적으로 제어하는 시장이 대표적입니다. 서보모터, 스크류, 감속기, 제어 소프트웨어를 묶어 반복적으로 신뢰성이 높은 완제품을 파는 것이 이 시장의 본질이었습니다.

정확한 위치·각도·속도·토크를 제어할 수 있도록 설계된 모터 시스템

문제는 기존의 강자들이 만들던 액추에이터는 휴머노이드의 요구조건과 차이가 있다는 것입니다. 새로운 시장에서 요구하는 액추에이터는 가볍지만, 충격에 강해야 하고, 소음을 최소화해야 합니다. 사람 옆에서 안전하면서 전력 효율도 좋아야 하고 열관리도 필요합니다. 기존 산업용 액추에이터가 이러한 사양까지 맞추려면 가격이 비싸질 수밖에 없기에, 휴머노이드 대중화를 위해서는 근본적으로 다른 접근이 필요하다는 얘기가 나옵니다.

액추에이터는 꼭 필요한 부품인 데 비해 휴머노이드 로봇 산업 전반에 통용되는 표준 규격이 아직 정해져 있지 않습니다. 자동차 부품처럼 호환할 수 있는 업계 공통의 설계도가 없어서 로봇 개발사마다 각자에게 맞는 액추에이터를 사용합니다.

이 상황에서 로봇 제조사가 선택한 돌파구는 수직계열화입니다. 완성된 액추에이터를 구매하는 대신 직접 설계하고 생산 공정까지 내재화하겠다는 거죠. 핵심 부품 하나 바꿀 때마다 외부 공급사의 일정과 가격에 끌려다니는 구조로는 양산화 경쟁에서 뒤처지게 됩니다. 반면에 자체 표준으로 규격화하고, 자동차 부품처럼 대량생산 체계를 갖추면 로봇을 업그레이드하더라도 생산 비용을 낮게 유지할 수 있습니다.

이 추세가 지속되면 산업구조는 흥미로운 방향으로 재편될 가능성이 있습니다. 액추에이터 완제품을 파는 공급사보다는 모터, 감속기, 베어링, 스크류 같은 세부 부품을 직접 납품하는 형태로 무게 중심이 이동하는 거죠. 즉, 휴머노이드 제조사가 직접 액추에이터의 설계와 조립을 쥐고, 핵심 부품만 검증된 전문 업체에서 조달하는 구조입니다.

이번 장에서는 액추에이터의 핵심 부품을 세부적으로 해부해 보려고 합니다. 각 부품의 산업에서 살펴보아야 할 내용도 함께 알아보겠습니다.

	센서	카메라&비전 센서 레이더&라이다 자기장 센서 힘·토크 센서
몸	액추에이터 및 액추에이터 부품	베어링 스크류 기어/감속기 모터 인코더 희토류/자석
	배터리	
	아날로그 반도체	
	본체·배선·열관리	알루미늄 주조 배선 및 커넥티비티 열관리 시스템

베어링, 스크류, 기어/감속기

몸	액추에이터 및 액추에이터 부품	베어링 스크류 기어/감속기 모터 인코더 희토류/자석

잠깐 팔을 쭉 펴서 기지개를 켜 봅시다. 어깨를 한두 번 돌리고 내가 어떻게 움직였는지 한번 생각해 보겠습니다. 인간의 움직임은 기본적으로 근육의 수축과 이완으로 이루어집니다. 선형 운동이죠. 회전한 것처럼 보이는 움직임도 관절을 중심으로 여러 근육이 늘어나고 줄어들면서 생깁니다. 인간이 여러 근육의 선형 운동으로 다양한 움직임을 만드는 것처럼, 휴머노이드에도 움직임을 만드는 장치가 필요합니다. 액추에이터가 바로 그 장치입니다.

액추에이터(Actuator)는 말 그대로 움직(Act)이게 만드는 도구입니다. 하지만 인간과 기계는 작동 원리가 시작부터 다릅니다. 근육의 기본 움직임인 직선형 운동은 기계적으로 한 번에 구현하기 쉽지 않습니다. 전기에너지를 통해 만들 수 있는 기계의 움직임은 대부분 모터를 통해서 만드는 회전 운동이기 때문입니다.

모터는 빠른 속도로 회전합니다. 휴머노이드에 바라는 움직임은 모터의 빠른 회전을 활용해서 적절한 방법으로 바꿔야 만들 수 있습니다. 움직임을 바꾸는 방법에 따라 액추에이터를 두 가지로 나누는데, 선형(Linear) 액추에이터와 회전형(Rotational) 액추에이터입니다. 두 가지 액추에이터는 원리도 다르고 필요한 부품도 다릅니다. 선형은 스크류가, 회전형은 감속기가 필요합니다. 스크류나 감속기도 종류가 다양해서 대표 기업과 경쟁 구도도 다릅니다.

몸(Body)		
액추에이터 및 액추에이터 부품(Actuators & Actuator Parts)		
구분	국가	기업
베어링 (Bearings)	일본 미국 미국 중국 중국 미국	NSK RBC 베어링스 팀켄 쌍림그룹 상하이 베이테 테크놀로지 리갈 렉스노드	NSK RBC Bearings The Timken Shuanglin Group Beite Technology Regal Rexnord
스크류(Screws)	일본 중국 독일 스웨덴 중국 일본 대만	NSK 상하이 베이테 테크놀로지 SKF 헝리 하이드롤릭 THK 하이윈 테크놀로지스	NSK Beite Technology SKF Hengli Hydraulic THK HIWIN Technologies
기어/감속 기(Gears/ Reducers)	중국 미국 일본 미국 일본 대만 대만 중국 중국	리더드라이브 팀켄 나브테스코 리갈 렉스노드 하모닉 드라이브 시스템즈 하이윈 테크놀로 지스 Hota Shuanghuan Zhongda Leader	Leaderdrlve The Timken Nabtesco Regal Rexnord Harmonic Drive Systems HIWIN Technologies Hota Shuanghuan Zhongda Leader

선형 액추에이터

먼저 근육의 원리를 모방한 선형(Linear) 액추에이터입니다. 선형 액추에이터는 모터의 회전 운동을 직선 운동으로 변환해 밀고 당기는 힘을 냅니다. 산업 현장에서는 유압이나 공압 실린더 형태로 오래전부터 활용됐습니다.

유압/공압식은 높은 압력의 액체나 기체를 써서 폭발적인 힘을 낼 수 있다는 장점이 있습니다. 보스턴 다이내믹스의 아틀라스도 처음에는 유압 기반으로 개발되었습니다. 응급 상황이나 특수 목적에 대비하고자 했기 때문에 사람이 하기 어려운 동작까지 보여주며 로봇 기술의 기준선을 끌어올렸습니다.

하지만 휴머노이드는 늘 이동해야 합니다. 성능이 아무리 우수하더라도 복잡한 배관과 압축기까지 포함해야 한다면 양산이나 유지보수 측면에서 불리하죠. 휴머노이드 기술이 발전하고 제품 단계로 갈수록 전기제어가 표준이 됩니다. 테슬라를 포함한 대부분 기업이 전동식을 채택하는 과정에서 보스턴 다이내믹스도 2024년부터는 유압식을 은퇴시키고 완전 전동식 아틀라스를 공개했습니다.

전기로 선형 움직임을 만들 때 필요한 핵심 부품이 스크류(Screw)입니다. 스크류는 세 가지 부품으로 구성되어 있습니다. 모터가 돌리는 나사 막대(Screw Shaft), 앞뒤로 움직이는 이동너트(Nut), 그리고 둘 사이에서 힘을 전달하는 굴림 요소(Rolling element)입니다.

[henglihydraulics의 선형 액추에이터]

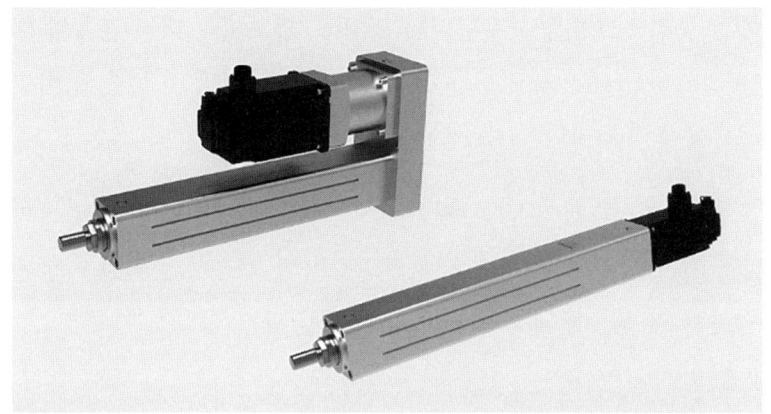

출처: henglihydraulics.com

기본 원리는 병뚜껑을 돌려서 열면 위로, 닫으면 아래로 움직이는 것과 같은 구조라고 생각하면 됩니다. 차이가 있다면, 나사 막대가 아닌 이동너트가 움직이는 거죠.

휴머노이드에서는 사용하는 스크류는 굴림 요소에 따라 볼스크류(ball screw) 타입과 롤러스크류(planetary roller screw) 타입으로 나뉩니다. 볼스크류는 여러 개의 작은 구슬이, 롤러스크류는 원통형 롤러가 나사 막대와 이동너트 사이에서 힘을 전달합니다. 롤러스크류는 접촉 면적이 더 넓어서 큰 힘을 전달할 수 있고, 내구성도 좋습니다. 전문가들은 장기적으로 모든 선형 액추에이터는 롤러스크류를 사용하게 될 것으로 전망합니다.

하지만, 가격이 비싸다는 것이 문제입니다. 롤러의 정교한 가공이 어려워서 아직 제조할 수 있는 회사가 많지 않거든요. 그래서 아직은 꼭 필요한 경우가 아니라면 볼스크류도 함께 사용하도

SKF

록 설계합니다. 테슬라 옵티머스의 경우 팔에는 볼스크류를, 다리에는 롤러스크류를 사용합니다. 우리도 팔보다는 다리 근육이 더 큰 것처럼요. 휴머노이드도 다리에 더 큰 힘을 낼 수 있는 롤러스크류를 사용합니다.

NSK

롤러스크류의 선두 주자는 스웨덴의 SKF(SKF-B)와 일본의 NSK(6471)입니다. 제조기술에 진입장벽이 있어서 글로벌 시장은 당분간 SKF와 NSK의 과점 구조가 유지될 가능성이 높습니다.

헝리
하이드롤릭

그러나, 중국의 스크류 제조기업이 변수입니다. 헝리 하이드롤릭(Hengli Hydraulic, 600346)과 상하이 베이테 테크놀로지(Shanghai Beite Technology, 603009)가 자국의 휴머노이드 공급망을 장악하면서 경험치를 빠르게 쌓아가고 있기 때문입니다.

상하이 베이테
테크놀로지

상대적으로 제조가 쉬운 볼스크류는 일본의 THK(6481)와 대만의 하이윈 테크놀로지스(HIWIN Technologies, 2049)도 주요 공급사로 꼽힙니다. 하이윈 테크놀로지스는 보스턴 다이내믹스에 볼스크류를 공급하는 것으로 알려져 있으며, 가성비가 좋고 납기가 짧아 양산형 시장에 빠른 대응이 가능할 것으로 평가받고 있습니다.

THK

회전형 액추에이터

다음으로 회전형(Rotational) 액추에이터를 살펴보겠습니다. 모터의 회전력을 직접 활용해 관절을 꺾거나 팔다리를 돌리는 데 쓰입니다. 모터는 빠른 회전을 만드는데 휴머노이드에게 필요한 것은 빠른 회전이 아닙니다. 그렇다면 회전속도를 낮춰주어야겠죠? 그래서 회전형 액추에이터에 필요한 것이 감속기(Reducer)입니다.

하이윈
테크놀로지스

[Leaderdrive의 회전형 액추에이터]

하모닉
드라이브
시스템즈

출처: leaderdrive.com

　회전속도를 줄여주니 감속기라고 부르지만, 사실 속도와 힘을 바꿔주는 장치입니다. 자전거를 탈 때 기어를 낮추면 페달은 가볍게 밟을 수 있지만, 속도를 낼 수는 없습니다. 하지만 기어를 높이면 페달이 무겁지만 빠르게 속도를 낼 수 있습니다. 자전거를 타보지 않은 분들은 병따개를 생각해 보세요. 멀리 잡을수록 더 적은 힘으로도 뚜껑을 딸 수 있습니다. 감속기도 같은 원리입니다. 지렛대의 원리를 기어로 구현하여 필요한 힘과 속도를 만듭니다.

　감속기는 기어를 어떻게 구성하느냐에 따라 크게 3가지로 분류합니다. 하모닉(Harmonic) 감속기, 유성(Planetary) 감속기, 사이클로이드(Cycloidal) 감속기입니다.

　휴머노이드 로봇에서 가장 많이 쓰이는 것은 가볍고 정밀한 제어가 특징인 하모닉 감속기입니다. 일본의 하모닉 드라이브 시스템즈(Harmonic Drive Systems, 6324)에서 개발한 감속기로, 제품명이 일반명사로 굳어져 사용되고 있습니다(학술적으로는 strain wave gear라고 부르긴 합니다). 휴머노이드 로봇 시장이 본격적으로 열리면 하모닉 감속기의 수요는 폭발적으로 늘어날 가능성이 큽니다.

나브테스코

하모닉 드라이브 시스템즈는 브랜드 파워와 제품의 신뢰성이 높아서 피지컬 AI시대에 가장 크게 성장할 기업으로 꼽힙니다. 자기자본비율이 80%로 매우 높고 현금 보유량도 많아서 재무구조도 탄탄합니다. 아직은 독보적인 기술력을 바탕으로 글로벌 시장에서 독점적인 지위를 누리고 있습니다.

하지만, 최근 재무성과는 아쉬운 편입니다. 중국 로봇 기업들이 자국산 저가 감속기를 채택하면서 수익성이 하락하고 있기 때문입니다. 중국의 후발 주자들의 추격이 매서워서 높은 수익성을 유지하기는 어려울 것이라는 지적도 있습니다.

유성(Planetary) 감속기는 기어의 구조가 태양 주위를 도는 행성(유성)처럼 생겼다고 해서 붙여진 이름입니다. 휴머노이드에서 하모닉 감속기 다음으로 많이 채택하는데, 효율이 높고 내구성이 좋은 것이 특징입니다. 공급할 수 있는 기업이 많고, 원가도 낮은 편이라 양산하기에 더 적합하다고 평가받기도 합니다. 독보적인 기업은 없지만 독일과 일본이 선도하고, 중국이 빠르게 추격하는 시장입니다.

사이클로이드(Cycloidal) 감속기는 충격에 강하고 반복적인 작업에 적합해서 산업용 로봇에서 주로 사용합니다. 시장을 선도하는 일본의 나브테스코(Nabtesco, 6268)의 제품명인 RV(Rotor Vector) 감속기라고도 불립니다. 휴머노이드에서는 무게와 원가 때문에 선호하지 않으나, 큰 관절에 사용하는 경우도 있습니다. 최근 양산형 모델에서 핵심 부품은 아니지만 극한 상황까지 고려하는 휴머노이드가 등장한다면 언제든 채택될 가능성이 있습니다.

베어링

두 가지 액추에이터에서 스크류와 감속기가 움직임을 만드는 역할을 한다면, 그 움직임을 보조해 주는 역할도 있습니다. 베어링(Bearing)입니다. 베어링은 움직임이 흔들리지 않도록 지지하면서 마찰을 줄여줍니다. 휴머노이드에는 볼베어링, 롤러베어링, 니들베어링 등 다양한 베어링이 사용됩니다. 볼베어링은 가볍고 빠른 회전에 적합하고, 롤러베어링은 더 큰 하중을 견딜 수 있습니다. 니들베어링은 가늘고 긴 롤러를 사용해서 좁은 공간에서도 큰 하중을 버팁니다. 로봇 제조사는 관절의 위치와 요구사양에 따라 적합한 베어링을 골라서 설계합니다.

팀켄

[SKF의 베어링]

출처: skf.com

정밀 베어링은 단순해 보여도 소재와 가공 정밀도에서 기술 격차가 크기 때문에 후발 주자가 따라잡기 어려운 분야 중 하나입니다.

RBC 베어링스

소수 기업이 과점하는 구조로 일본의 NSK, 독일의 셰플러(Schaeffler AG, SHA0), 미국의 팀켄(The Timken, TKR), RBC 베어링스(RBCBearings, RBC), 리갈 렉스노드(Regal Rexnord, RRX)가 주요

리갈
렉스노드

쌍림그룹

공급사로 꼽힙니다. 리갈 렉스노드는 기존의 리갈 벨로이트(Regal Beloit)에 렉스노드(Rexnord)의 사업부가 합쳐져 만들어진 회사입니다. 중국의 쌍림그룹(Shuanglin Group, 300100)도 자국 시장에서 강점을 보이며, 선진사를 열심히 추격하고 있습니다.

스크류, 감속기, 베어링 세 부품 모두 정밀한 가공이 필요한 분야라 시장을 선점한 소수의 일본, 유럽 기업이 경제적 해자를 누릴 가능성이 높다는 공통점이 있습니다. 하지만 휴머노이드 시장이 커지면 기술력만으로는 부족합니다. 안정적인 가격과 품질로 양산할 수 있는 역량이 받쳐주지 않으면 판도는 언제든 뒤바뀔 수 있습니다. 로봇 기업들이 핵심 부품은 자국의 공급망 내에 구축하려는 움직임이 보이기 때문입니다. 부품별로 기술 격차가 빠르게 좁혀질 수 있음을 고려하여 기술력과 양산 대응력을 동시에 갖춘 기업을 고르는 안목이 필요합니다.

모터, 인코더, 희토류

몸	액추에이터 및 액추에이터 부품	베어링 스크류 기어/감속기 모터 인코더 희토류/자석

몸(Body)		
액추에이터 및 액추에이터 부품(Actuators & Actuator Parts)		
구분	국가	기업
모터(Motors)	중국	이노밴스 테크놀로지 Inovance Technology
	미국	리갈 렉스노드 Regal Rexnord
	일본	니덱 Nidec
	중국	문스 인더스트리즈 MOONS' Industries
	중국	리드샤인 테크놀로지 Leadshine Technology
	중국	Zhongda Leader Zhongda Leader
	중국	자오웨이 테크놀로지 Zhaowei Technology
	영국	센사타 테크놀로지스 Sensata Technologies
	중국	에스턴 오토메이션 Estun Automation
인코더 (Encoders)	일본	니덱 Nidec
	미국	노반타 Novanta
	영국	센사타 테크놀로지스 Sensata Technologies
희토류/자석 (Rare-Earths/ Magnets)	중국	중국북방희토 China Northern Rare Earth
	미국	엠피 머티리얼즈 MP Materials
	호주	라이너스 희토류 Lynas Rare Earths
	중국	진리 마그네틱 JL MAG Rare-Earth

액추에이터의 시작이 무엇인가 물으면 단연 모터입니다. 모터는 전기에너지를 물리적인 회전 에너지로 바꿔주는 가장 보편적인 수단입니다. 우리 주변에 퍼져 있는 모터 기술이 사라지면 도시는 그 즉시 멈출 것입니다. 공장 컨베이어 벨트, 펌프, 전동공

구, 에어컨, 냉장고, 자동차, 드론, 엘리베이터까지 모터가 들어가지 않은 제품을 찾기 어려울 정도입니다. 하지만 그 정도로 보편화되어 있기 때문에 '여기에 무슨 기회가 있을까?'라는 의문이 들기도 합니다.

모터를 생산하는 업체는 정말 다양합니다. 특별한 신기술은 아니지만, 사용처에 따라서 최적화되기 때문에 기업마다 집중하는 산업 분야가 있습니다. 그중에서도 정교하게 제어하는 것이 중요한 산업에서는 '서보모터'를 개발해서 사용해 왔습니다. 로봇의 움직임을 담당하는 액추에이터의 핵심 구성품이죠. 휴머노이드는 이 정교함이 필수입니다. 머리가 아무리 똑똑해도 손발이 명령대로 움직이지 않으면 아무것도 할 수 없으니까요.

서보(Servo)는 '명령을 그대로 따르는 존재'라는 뜻에서 출발한 말입니다. 그래서 서보모터는 단순히 돌아가는 모터가 아니라, 명령한 대로 정확하게 움직이도록 만든 모터입니다.

앞서 설명했듯이 액추에이터는 휴머노이드 제조사들이 직접 설계를 진행하고 있습니다. 기존 자동화 산업에서는 액추에이터를 구매하거나 프레임이 있는 서보모터를 통째로 사서 장비에 붙이는 경우가 많았습니다. 반면 휴머노이드에서는 액추에이터 자체가 곧 제품 경쟁력입니다. 그래서 액추에이터의 핵심이 되는 서보모터도 부품 단위로 분해해서 설계합니다.

[이노밴스 테크놀로지의 서보모터]

출처: inovance.com

　서보모터는 크게 두 가지 부품(모터, 인코더)으로 구분할 수 있습니다. 휴머노이드의 뇌가 본사라면 모터는 현장 작업자입니다. 이 현장 작업자는 스스로가 지금 얼마나 움직였는지, 목표대로 가고 있는지 정확히 알지 못합니다. 그래서 현장에는 움직임의 각도와 속도를 재는 측정 담당자인 인코더를 파견합니다.

　인코더(Encoder)는 모터의 회전 위치와 속도를 읽어, 제어기가 해석하기 쉬운 코드 형태의 신호로 바꿔주는 부품입니다. 여기서 말하는 코드는 '이 신호를 이렇게 해석하면 각도와 속도가 나온다'라는 규칙을 뜻합니다. 아날로그 세계의 움직임을 디지털 제어로 다루려면 번역이 필요합니다. 인코더는 번역을 표준화된 방식으로 해주기 때문에, 센서가 아닌 별도의 이름으로 불려 왔습니다.

　하지만, 본질적으로는 센서-아날로그 반도체와 유사한 역할을 한다고 이해해도 좋습니다. 결국 본사(뇌) - 현장 작업자(모터) -

측정 담당자(인코더)라는 세 역할이 맞물려야 서보모터가 비로소 명령대로 움직일 수 있습니다.

이 산업의 구도는 인코더를 중심으로 보면 이해하기 쉽습니다. 인코더를 제조할 수 있는 회사는 인코더만 팔지 않기 때문입니다. 인코더는 모터 대비 원가 비중이 5분의 1 수준으로 낮은 편이지만, 정밀하게 제어하려면 필요한 부품입니다. 핵심 부품인데 인접 부품과 공유하는 기술이 많아 자연스럽게 모터나 다른 센서까지 포트폴리오를 넓혀 세트로 제안하기 유리한 위치에 서게 됩니다.

센사타
테크놀러지스

대표적인 기업으로는 미국의 노반타(Novanta, NOVT), 영국의 센사타 테크놀러지스(Sensata Technologies, ST), 일본의 니덱(Nidec, 6594)이 있습니다. 노반타와 센사타 테크놀러지스는 센서 회사입니다. 두 회사는 모터 라인업은 약하지만, 로봇용 인코더-센서 조합을 강점으로 내세우고 있습니다.

니덱

특히 노반타는 인코더가 주요 제품인 기업인 동시에 액추에이터에 사용되는 힘-토크 센서의 강자입니다. 로봇 고객사 입장에서는 하나의 공급사에서 핵심 측정 부품을 모두 조달할 수 있다는 장점이 생깁니다. 이 통합 공급 능력이 로봇 산업에서 노반타의 존재감을 키우는 해자가 될 수 있습니다.

> 물체에 작용하는 힘(Force)과
> 회전력(토크, Torque)을 측정하는 센서

니덱은 한국에는 일본전산으로 알려진 회사로, 2023년에 사명을 변경했습니다. 소형 정밀 모터부터 초대형 모터까지 생산하는 세계적인 모터 제조기업으로, 소형 정밀모터 시장에서는 독보적인 점유율을 자랑합니다. 압도적인 모터 시장 지배력은 인코더 공급으로 연결됩니다. 인코더 포트폴리오가 있기 때문에, 고객사가 정밀 제어 시스템을 구성할 때 니덱을 선택할 이유가 하나 더 생깁니다. 규모와 포트폴리오 양쪽에서 경쟁사보다 우위에 있습니다.

이노밴스
테크놀로지

하지만, 휴머노이드 모터는 가성비 중심의 중국 시장으로 이동하는 분위기도 감지됩니다. 특히 이노밴스 테크놀로지(Inovance Technology, 300124) 같은 중국의 모터 회사 다수가 시장에서 치열한 경쟁을 할 것으로 예상됩니다.

재미있는 사실은 글로벌 모터 회사인 니덱, ABB, 리갈 렉스노드도 중국에 모터 제조 거점을 두고 있다는 것입니다. 이 흐름은 중국이 글로벌 모터 산업에서 활약하는 것 이상을 의미합니다. 모터 제조 생태계의 허브가 중국으로 자리 잡았음을 증명하는 신호이기도 합니다.

휴머노이드 모터에 희토류가 필요한 이유

모터 생태계의 뿌리에는 희토류가 있습니다. 대부분의 고효율 모터는 희토류가 들어간 영구자석을 쓰는데, 이 자석의 90%를 생산하는 국가가 중국입니다. 전 세계 희토류 생산의 60~70% 점유율을 바탕으로 형성된 구조입니다.

중국이 모터 제조에 강점을 갖는 결정적 이유가 바로 이 원재료 공급망입니다. 정부 지원도 있지만, 희토류 공급망을 쥐고 있는 한 이 구조적 우위는 쉽게 흔들리지 않습니다.

중국북방희토

진리
마그네틱

라이너스
희토류

엠피
머티리얼스

최근 국가 간 무역 갈등이 커지면서 공급망의 중국 의존도가 리스크로 주목되기도 합니다. 중국이 희토류 수출을 무기화하면 글로벌 모터 기업들의 공급 안정성이 같이 흔들릴 수 있습니다. 그에 따라 탈중국화를 모색하는 기업이 생기기도 하고요.

희토류 영구자석의 밸류 체인을 살펴보면, 중국북방희토(China Northern Rare Earth, 600111)는 희토류 채굴과 정제, 홍콩의 진리 마그네틱(JL Mag, 300748)은 희토류 영구자석 제조의 대표 기업입니다.

이에 대항하는 탈중국 공급망의 기업으로는 호주의 라이너스 희토류(Lynas Rare Earths, LYC)와 미국의 엠피 머티리얼스(MP Materials, MP)가 있습니다. 라이너스 희토류는 중국 밖에서 자석용 희토류 산화물을 유의미한 규모로 생산하고 공급하는 거의 유일한 업체입니다. MP 머티리얼스는 미국 내 자석 밸류체인 구축의 상징과 같은 회사입니다. 미국의 안보와도 직결된 만큼 국방부와 공급 계약을 체결하기도 했습니다.

희토류 사용량을 줄이거나 전혀 사용하지 않는 모터 기술 개발도 가속화되고 있습니다. 하지만, 희토류 자석을 단기간에 쉽게 대체하기는 어렵습니다.

모터 시장의 경쟁 구도는 공급망의 그림자 아래에서 재편될 것입니다. 투자자로서는 어떤 모터 기업이 좋은가 만큼 그 기업의 희토류 공급망이 얼마나 안정적인가도 주목해야 할 포인트입니다.

배터리

몸	배터리

전쟁에서 지는 건 대부분 총이 없어서가 아니라 보급이 끊기고 내부 갈등을 해결하지 못해서입니다. 성능 좋은 휴머노이드 로봇도 배터리가 방전되거나 온도가 너무 높아지면 작동할 수 없습니다. 양산과 실제 운영 단계에서 로봇의 가동시간과 고장률에 영향을 주는 거죠.

배터리 기술은 까다롭지만, 완전히 새로운 도전은 아닙니다. 전기차 산업과 기술을 공유하기 때문입니다. 배터리의 에너지 밀도, 경량 구조 설계, 신뢰성 높은 배선, 정밀한 열관리. 전기차도 이 모든 것을 동시에 요구했습니다. 그 혹독한 검증을 이미 통과한 전기차 공급망의 기업들이 같은 문제를 처음 푸는 신규 진입자보다 유리한 위치에 서 있습니다.

물론 당장은 로봇 매출 비중이 작습니다. 하지만 휴머노이드가 수백만 대 규모로 보급되는 시점이 오면, 조용하게 수혜를 누리는 기업들이 이 공급망 안에서도 나올 것입니다. 긴 호흡에서 꾸준히 성장할 기업은 어디일까요?

몸(Body)		
배터리(Batteries)		
구분	국가	기업
배터리 (Batteries)	중국 한국 한국 중국	EVE 에너지 EVE Energy Co 삼성 SDI Samsung SDI LG에너지솔루션 LG Energy Solution CATL CATL

휴머노이드가 움직이려면 에너지가 필요합니다. 인간에게 음식이 필요한 것처럼, 휴머노이드에는 배터리가 필요합니다. 배터리는 휴머노이드의 활동 반경과 작업 시간을 결정합니다. 하지만 무작정 용량만 키우는 것이 해법은 아닙니다. 배터리 용량을 늘리면 무게가 늘어 오히려 더 많은 에너지가 소모되는 딜레마가 생기기 때문입니다.

게다가 로봇은 걷고, 들고, 멈추고, 다시 움직이는 동작마다 순간적으로 큰 전력이 필요합니다. 같은 무게로 더 많은 에너지를 저장하는 에너지 밀도, 피크 전력을 안정적으로 뽑아내는 특성, 열과 안전을 통제하는 설계 모두 고려해야 합니다. 전기차 배터리가 풀고 있는 문제와 비슷하죠.

그래서인지 현재 휴머노이드용 배터리는 대부분 전기차에 쓰이는 것과 유사한 방식을 사용합니다. 손가락 굵기의 원통형 리튬이온 셀을 수십 개에서 수백 개씩 묶어 팩으로 만들고, 이를 로봇의 몸통 안에 넣는 방식입니다. 기존 전기차 배터리 기업들이 휴머노이드 배터리에서도 강점을 가지는 이유입니다.

휴머노이드 시장이 열리면 충전 없이 몇 시간 동안 사용할 수 있는지가 중요한 요소가 될 것입니다. 그 경쟁이 시작되면 로봇용 배터리의 구체적인 스펙과 kWh, 런타임, 충전 파워 등의 로드맵뿐만 아니라 로봇 제조사와의 파트너십도 주목해야 합니다. 에너지 밀도를 획기적으로 높이는 기술 혁신을 만들어내는 기업, 로봇 제조사와의 관계가 테스트를 넘어 양산 계약으로 넘어가는 기업이 피지컬 AI 시대의 배터리 승자가 될 것입니다.

다만 휴머노이드가 배터리 기업의 매출에 영향을 주려면 오랜 시간이 필요합니다. 용량만 봐도 휴머노이드 한 대가 쓰는 배터리는 전기차보다 훨씬 작습니다. 업계에서 자주 인용되는 범위는 대략 2~4kWh 수준입니다. 옵티머스는 약 2.3kWh, 아틀라스는 약 3.7kWh입니다. 전기차 한 대의 용량은 40~120kWh이니 대당으로 비교하면 수십 배 차이입니다. 용량을 기준으로 단순 계산하면, 휴머노이드 보급 대수가 전기차보다 수십 배는 많아야 유사한 매출을 기대할 수 있겠죠. 전기를 저장했다가 필요할 때 다시 꺼내 쓰는 배터리 기반 저장 시스템

하지만 피지컬 AI의 성장은 휴머노이드용 배터리에 그치지 않습니다. 피지컬 AI가 학습하고 공장 단위로 운영되려면 데이터센터와 전력망이 필요합니다. 이 과정에서 ESS(Energy Storage System, 에너지 저장 시스템) 수요는 커질 수밖에 없고요. IEA(International Energy Agency, 국제에너지기구)도 AI 데이터센터 투자 증가와 함께 전력 수요가 빠르게 늘고 있으며 재생에너지 비중도 계속 커지는 추세라고 지적합니다. 재생에너지는 전력 생산에서 변동성이 크기 때문에 필요할 때 꺼내 쓰는 전기의

가치가 올라가고, 그 핵심 하드웨어인 배터리 기반 ESS의 가치도 함께 커집니다.

배터리 수요처 다변화 측면에서 반가운 소식입니다. 기존에는 전기차 시장 중심이었기에 국가별 정책이나 가격 사이클에 따라 변동성이 컸습니다. 하지만 앞으로는 전기차-ESS-휴머노이드로 무대를 확장해 가는 방향으로 설명할 수 있습니다. 더 안정적인 사업 구조를 갖게 되는 거죠.

중국의 CATL(닝더스다이, 300750)은 전기차 배터리 분야에서 압도적인 세계 1위 기업이며, 이를 기반으로 로봇용 배터리 시장에도 적극적으로 진출하고 있습니다. 생산라인에 로봇을 투입하여 배터리 체결 공정을 자동화한다는 보도가 나오면서 로봇이 로봇의 부품을 생산하는 출발점이 되고 있습니다. 후발주자인 중국의 이브이이에너지(EVE Energy, 300014)는 로봇 시장에서 차별화를 꾀하기 위한 기술 개발에 집중하는 모습입니다. 중국의 로봇기업인 Vbot(비상장)과 협력하여 로봇 전용 배터리의 에너지 밀도를 개선하는 중입니다.

[이브이이에너지의 배터리]

출처: evebattery.com

LG에너지솔루션(LG Energy Solution, 373220)은 6개 주요 글로벌 로봇 기업에 원통형 배터리를 공급하면서 휴머노이드 시장에 이미 발을 들여놓았습니다. ESS 대규모 공급계약으로 새로운 성장 축도 확보했고요. 전기차 수요 둔화로 어려움을 겪었지만, 피지컬 AI시대에 맞게 포트폴리오 재편을 준비 중입니다.

삼성 SDI(SAMSUNG SDI, 006400)도 휴머노이드용 46mm 원통형 배터리, 데이터센터용 LFP 각형 배터리 개발을 추진하며 반등을 준비하고 있습니다.

지금까지 배터리 시장은 중국 중심으로 기울어 왔습니다. 중국 전기차 시장의 성장에 힘입어 중국의 기업들이 경쟁력을 확보하고, 한국의 배터리 기업이 글로벌 무대에서 힘겹게 경쟁을 이어가는 구도였습니다. 이 구도는 피지컬 AI 시대에 완전히 뒤집히기보다는, 누가 로봇과 ESS에서 의미 있는 레퍼런스를 먼저 쌓느냐의 경쟁으로 확장될 가능성이 큽니다. 그중에서도 CATL(닝더스다이)과 이브이이에너지가 중국 시장, LG에너지솔루션과 삼성 SDI가 글로벌 시장에서 어떻게 레퍼런스를 확보하는지 주목해 볼 필요가 있습니다.

아날로그 반도체

몸	아날로그 반도체

'AI는 발가락 사이의 모래를 만들어내지 못합니다.' 2025년에 폴라로이드가 진행한 이 옥외 광고는 즉석 사진이 가진 아날로그 감성을 떠올리게 합니다. 아직은 AI가 발가락 사이의 모래가 뭔지, 음식의 따뜻함이 무엇인지 이해할 필요가 없죠. 인간만의 감성으로 남겨둘 수 있을지도 모릅니다.

만약 피지컬 AI가 인간의 감성을 알고 싶다면 어떤 단계를 거쳐야 할까요? 발가락 사이의 모래가 주는 그 느낌은 상상이 아니라, 센서가 건져 올린 신호에서 시작됩니다. 맛, 향, 촉감 같은 감각은 모두 연속 값이고, 센서는 그것을 전기 신호로 번역합니다. 하지만 현실의 데이터는 작고 흔들리는 잡음이 섞여 있습니다.

MBTI로 구분하자면, 센서는 F이고, AI의 뇌는 T입니다. F는 손끝에 닿은 감촉이 얼마나 부드러운지를 느낍니다. 하지만 T는 그 감성의 언어를 그대로 이해하지 못합니다. "그래서? 한마디로 말해줘. 숫자로 줘"라며 T는 정답을 원합니다. 사람 사이에도 통역이 필요하듯, AI 세계에서 감각과 연산 사이의 통역사인 아날로그 반도체가 필요합니다.

몸(Body)		
반도체(아날로그)(Semis(Analog))		
구분	국가	기업
반도체(아날로그)(Semis(Analog))	미국	알레그로 마이크로시스템즈	Allegro MicroSystems
	미국	아날로그 디바이스	Analog Devices
	독일	인피니언 테크놀로지스	Infineon Technologies
	네덜란드	NXP 세미컨덕터스	NXP Semiconductors
	일본	르네사스 일렉트로닉스	Renesas Electronics
	미국	온세미	onsemi
	스위스	ST마이크로일렉트로닉스	STMicroelectronics
	벨기에	멜렉시스	Melexis
	미국	옴니비전 그룹	Omnivision Group
	미국	텍사스 인스트루먼트	Texas Instruments

아날로그 반도체가 하는 일은 구체적으로 무엇일까요? 센서가 수집한 신호를 키우고(증폭), 골라내고(필터), 흔들림을 줄이고(보정), 전압 기준을 잡아(레퍼런스) 쓸 수 있는 값으로 다듬습니다. 이 과정의 마지막에 아날로그 신호를 0과 1로 바꿔주는 아날로그-디지털 변환기(ADC)를 통과해야 비로소 AI가 이해할 수 있는 데이터가 됩니다.

이 변환이 단순해 보이지만, 손끝에 닿은 순간의 미세한 변화, 관절에 걸린 토크의 미묘한 차이, 발바닥이 미끄러지는 찰나의 신

호를 놓치면 로봇은 넘어진 이유를 데이터로 남기지 못합니다. 아날로그가 디지털로 변환된 값의 품질은 학습 데이터의 품질로 이어집니다. 원본이 아무리 명작이라도 번역이 엉망이면 그 의미가 제대로 전달되지 않는 것처럼요. 현실의 연속된 신호를 다루는
반도체(빛·소리·온도·전압)

이해를 돕기 위해서 센서 - 아날로그 반도체 - 디지털 반도체의 역할을 구분했지만, 사실 센서도 아날로그 반도체의 하나라고 볼 수 있습니다. 그래서 센서 부품이나 반도체 간의 경계가 점점 흐릿해지고 서로의 영역을 침범하는 상황이 펼쳐집니다.

알레그로 마이크로시스템즈, 멜렉시스처럼 자기장 센서에 강점을 갖고 있는 기업과 온세미와 옴니비전 그룹처럼 이미지 센서에 강점을 가진 기업이 대표적입니다.

아날로그 반도체의 역할은 신호를 다듬는 데서 끝나지 않습니다. 로봇이 움직이려면 전기를 써야 합니다. 배터리의 전력을 각 장치가 쓰는 전압으로 바꾸고(전원 변환), 모터로 들어가는 전류를 정밀하게 조절하고(드라이버), 과열이나 과전류, 쇼트 같은 사고를 막아야 합니다(보호 회로). 전기가 흐르는 모든 곳에 반도체가 필요한 거죠.

이 시장을 대표하는 기업들은 대부분 자동차와 산업현장에서 검증된 기업들입니다. 전통적인 강자인 텍사스 인스트루먼트(Texas Instruments, TXN)는 아날로그 신호 처리뿐 아니라 전원 변환에서 기본기를 쌓아왔습니다. 독일의 인피니언 테크놀로지스(Infineon Technologies, IFX), 네덜란드의 ST마이크로일렉트로닉스

(STMicroelectronics, STM)는 전력 보호와 드라이버에서 강점이 있습니다. 네덜란드의 NXP 세미컨덕터스(NXP Semiconductors, NXPI)와 일본의 르네사스 일렉트로닉스(Renesas Electronics, 6723)는 제어와 아날로그 역량을 함께 묶어 로봇의 신경계를 구성하는 데 활용될 수 있습니다.

NXP
세미컨덕터스

생성형 AI에서 피지컬 AI로 넘어가는 관문에서 센서와 아날로그 반도체 업계는 격변의 시기를 앞두고 있습니다. 디지털 반도체가 점점 똑똑해지면서, 예전엔 따로 존재하던 아날로그 통역기를 칩 안으로 끌어들이고 있습니다. 이 변화로 기존 아날로그 반도체의 역할은 단순 부품으로 전락할지도 모릅니다. 하지만, 로봇과 AI 인프라가 요구하는 전력과 현장의 신뢰성이 시장의 기준을 다시 쓰고 있는 상황에서 새로운 기회는 반드시 있습니다. AI가 현실을 만나는 순간부터 0과 1의 세계가 풀어야 할 문제는 아날로그에 있기 때문입니다.

르네사스
일렉트로닉스

본체·배선·열관리

몸	본체·배선·열관리	알루미늄 주조 배선 및 커넥티비티 열관리 시스템

피지컬 AI는 소프트웨어가 아닌 실제 세계에서 움직이고 작동하는 시스템이기 때문에 물리적인 구조가 중요합니다. 먼저 본체는 센서, 모터, 액추에이터 등을 지지하는 기본 구조로서 기계적

안정성과 내구성을 확보해야 합니다. 여기에 각 부품을 연결하는 배선 시스템이 더해지는데, 수많은 전력과 데이터를 안정적으로 전달하기 위해 정교한 설계가 필요합니다. 또한 고성능 반도체와 모터를 사용하기 때문에 작동 과정에서 많은 열이 발생합니다. 따라서 장비의 성능을 유지하고 안정적으로 운용하기 위해 효율적인 열관리 시스템 역시 중요한 요소로 작용합니다. 이렇게 본체 구조, 배선, 열관리와 같은 물리적 기반이 갖춰져야 비로소 피지컬 AI가 실제 환경에서 안정적으로 작동할 수 있습니다.

몸(Body)			
본체 · 배선 · 열관리(Body, Wiring, Thermal)			
구분	국가	기업	
알루미늄 주조 (Aluminum Castings)	캐나다 중국	마그나 인터내셔널 쉬성 그룹	Magna International Ningbo Xusheng Group
배선 및 커넥티비티(Wires & Connections)	미국 아일랜드 미국	암페놀 TE 커넥티비티 앱티브	Amphenol TE Connectivity Aptiv
열관리 시스템 (Thermal)	중국 중국	투오푸 그룹 산화 인텔리전트 컨트롤즈	Tuopu Group Sanhua Intelligent Controls

알루미늄 주조

휴머노이드의 몸은 가볍고 단단해야 하며, 복잡한 형상을 정밀하게 구현할 수 있어야 합니다. 그래서 알루미늄·마그네슘 합금 기반 구조물을 다이캐스팅, 가공, 조립의 조합으로 만드는 접근이

유력합니다. 구조물은 단순히 몸을 지탱하는 뼈가 아닙니다. 내부 부품을 보호하고, 배선과 배터리가 자리 잡을 공간을 만들며, 외부 충격을 흡수하는 역할까지 함께 수행합니다. 경량화는 가동시간과 기동성을 바꾸기 때문에 구조 설계는 휴머노이드의 성능을 좌우합니다.

마그나 인터내셔널 같은 글로벌 기업은 자동차에서 축적한 설계·제조 역량을 바탕으로 로보틱스 영역으로 확장할 여지가 큽니다. 쉬성 그룹(Ningbo Xusheng Group, 603305) 역시 전기차용 경량 금속 부품 경험을 기반으로 휴머노이드 구조 부품으로 이어질 가능성이 거론됩니다.

자동차 산업의 전동화로 경량 금속 부품 수요는 이미 크게 늘었습니다. 휴머노이드는 그 연장선입니다. 다이캐스팅 설비와 품질 관리 역량을 갖춘 기업이라면 휴머노이드 구조 부품으로의 전환이 어렵지 않습니다. 신규 진입지보다 기존 자동차 부품사들이 유리한 이유입니다.

녹인 금속을 높은 압력으로 정밀한 금속 틀(금형)에 주입하여 제품을 찍어내는 고속 정밀 주조법

배선 및 커넥티비티

휴머노이드의 몸속에는 수많은 신호와 전력이 오갑니다. 뇌 역할을 하는 반도체에서 각 관절의 모터로 명령이 전달되고, 센서에서 수집한 데이터가 다시 중앙으로 모입니다. 이 모든 흐름을 연결하는 것이 배선입니다. 인간의 신경계와 혈관에 해당하는 역할입니다.

휴머노이드는 좁은 공간 안에 수백 개의 커넥터와 케이블이 들어가야 합니다. 단순히 연결만 하는 것이 아니라, 진동과 충격에도 접촉이 끊기지 않아야 하고, 무게도 최소화해야 합니다. 휴머노이드에도 자동차나 항공우주 분야처럼 신뢰성이 높은 기술이 요구됩니다.

주요 공급사로는 앱티브, TE 커넥티비티, 암페놀(Amphenol, APH)이 꼽힙니다. 앱티브는 배선과 커넥터뿐 아니라 ADAS 센서까지 공급하는 대표적인 자동차 부품 기업입니다. TE 커넥티비티는 로보틱스, 데이터센터, 자동차 등 다양한 산업에 배선과 커넥터를 공급하며 폭넓은 고객군을 보유하고 있습니다. 암페놀 역시 로보틱스와 자동차 분야에서 커넥터를 공급하며 휴머노이드 시장에 자연스럽게 접근할 수 있는 위치에 있습니다. 세 기업 모두 기존 산업에서 검증된 기술을 휴머노이드에 그대로 적용할 수 있습니다.

자동차의 전동화가 가속되면서 커넥터·배선 기업들은 이미 고성장을 경험했습니다. 차량 한 대에 들어가는 커넥터 수가 수천 개인 것처럼, 휴머노이드도 복잡한 배선 수요를 만들어냅니다. 검증된 기술과 고객 관계를 보유한 기존 공급사들이 자연스럽게 수혜를 받을 수 있습니다.

열관리 시스템

사람은 격렬하게 움직이면 땀을 흘려 체온을 조절합니다. 휴머노이드는 땀샘이 없지만, 온도를 낮추는 수단은 필요합니다. 모터와 배터리, 컴퓨터가 작동하면 열이 발생하고, 이를 관리하지 못하면 성능이 저하되거나 부품 수명이 줄어듭니다. 열관리는 휴머노이드가 '오래, 안전하게' 일하게 만드는 장치입니다.

산화 인텔리전트 컨트롤즈

전기차에서 배터리와 모터에서 발생하는 열을 관리하는 것이 핵심이었듯, 휴머노이드도 같은 길을 갑니다. 냉각 유체를 순환시키거나, 제한된 공간 안에서 열을 효율적으로 분산시키는 설계가 중요합니다. 흥미로운 점은 열관리로 성장한 기업들이 액추에이터나 센서처럼 휴머노이드의 핵심 부품으로 사업영역으로 확장하려는 움직임이 보인다는 것입니다.

투오푸 그룹

이런 시도가 드러나는 기업은 중국의 산화 인텔리전트 컨트롤즈 (Sanhua Intelligent Controls, 002050)와 투오푸 그룹(Tuopu Group, 601689)가 있습니다.

Chapter 06

로봇을 완성하는
통합자

지금까지 휴머노이드의 두뇌와 몸을 구성하는 개별 부품들을 살펴봤습니다. 반도체, 센서, 액추에이터, 배터리까지. 이제 이 부품들을 하나로 모아 실제로 작동하는 로봇을 만드는 기업들을 살펴볼 차례입니다. 바로 통합자(Integrator)입니다.

현재 휴머노이드 산업에는 다양한 배경을 가진 기업들이 진입하고 있습니다. 자동차, 소비가전, 이커머스, 전통 로봇, 그리고 스타트업까지. 출발점은 다르지만 목적지는 같습니다. 사람처럼 움직이고 일하는 로봇을 만드는 것입니다.

이들은 단순히 부품을 조립하는 기업에 그쳐서는 안 됩니다. 시스템을 만들고 운영하는 기업이 되어야 합니다. IFR(국제 로봇 산업 협회, International Federation of Robotics)도 여러 보고서에서 연구실을 넘어 실제 적용으로 넘어가야 함을 강조합니다. 무엇을 만들지(상품 기획), 어떤 부품 조합이 최적인지(설계), 사람 옆에서 굴려도 되는지(안전·인증), 공장 밖으로 나갈 수 있는지(양산·원가) 그리고 배치 이후 매일 좋아지는지(운영·업데이트) 등 전 과정이 중요합니다.

로봇이 배우는 방식이 바뀌면서, 현장 데이터·시뮬레이션·AI 모델을 아우르는 학습·운영 루프를 누가 장악하느냐도 핵심 변수입니다. 통합자에게는 이 관문을 하나씩 통과시키는 능력이 필요합니다. 이번 장에서는 공장 자동화 기업과 전통 산업용 로봇 강자, 휴머노이드 완제품 통합자로 나누어 살펴보겠습니다.

산업 자동화 및 로봇 OEM
통합자

산업 자동화 및 로봇 OEM			
구분	국가	기업	
산업 자동화 및 로봇 OEM (Diversified Automation)	미국 미국	허니웰 록웰 오토메이션	Honeywell Rockwell Automation
	독일 대만	지멘스 폭스콘	Siemens Foxconn

산업 자동화 기업

휴머노이드가 공장에 들어가는 순간, 경쟁의 절반은 로봇 자체가 아니라 공장 전체로 이동합니다. 공장은 단순한 공간이 아니라 여러 데이터가 맞물려 돌아가는 거대한 운영체제입니다. 공장 자동화 기업은 휴머노이드를 직접 만들지 않더라도, (1) 작업을 정의하고, (2) 로봇을 공정에 연결하고, (3) 안전·품질·추적성을 시스템으로 강제하며, (4) 변화(설계 변경, 라인 증설, 제품 믹스 변화)에 대응하는 규칙을 제공한다는 점에서 사실상 로봇 상용화의 관문을 지키고 있습니다. 인어공주가 다리를 얻은 후에 인간 세상의 규칙을 배워야 했던 것처럼 AI도 물리적 세상의 규칙을 배워야 합니다.

> 현실 세계의 공장·설비·제품을 가상 공간에 동일하게 복제한 디지털 모델

> 모든 설계·생산·물류 데이터를 연결하는 중앙 데이터 구조

지멘스는 이 영역에서 강한 플레이어 중 하나입니다. 핵심은 디지털 트윈(Digital Twin)과 데이터 백본(Data Backbone)입니다. 지멘스는 CES 2026에서 산업용 AI와 디지털 트윈을 결합해 의사결정을 가상에서 먼저 검증하고, 현실 데이터로 계속 갱신하는 방향을 전면에 내세웠습니다.

> 물리 법칙이 반영된 가상 공간에서 공장·로봇을 실제처럼 돌려보며 설계·검증·훈련하는 기술

특히 엔비디아 Omniverse 기반 시뮬레이션과 현실 엔지니어링 데이터를 연결해 산업용 가상공간을 대규모로 구축하는 'Digital Twin Composer'를 공개했습니다. 지멘스의 디지털 트윈 기술 위에 NVIDIA Omniverse의 라이브러리를 통합한 형태이지요.

휴머노이드는 넘어지면서 배우는데, 공장에서 그 '넘어짐'은 비싸니다. 그래서 공장-현장형 휴머노이드는 시뮬레이션과 공정 데

이터가 필수이고, 지멘스의 시스템이 학습 비용을 줄입니다. 또한 지멘스는 Opcenter와 같은 통합형 공장 운영 플랫폼을 통해 현장 데이터를 하나로 연결하고, 이를 AI를 구동하는 핵심 연료로 활용하는 구조를 구축하고 있습니다.

록웰 오토메이션(Rockwell Automation, ROK)은 북미 제조 현장에서 표준을 만드는 회사 중 하나입니다. 글로벌 산업 자동화 전시회인 SPS 2025에서 디지털 트윈, AI 기반 운영, 차세대 I/O 등 제조 운영의 지능화를 전면에 내세웠습니다. 또한, 마이크로 컨트롤 시스템 개발을 쉽게 하는 FactoryTalk Design Workbench 같은 도구도 발표했습니다.

휴머노이드를 공정에 붙일 때 가장 먼저 부딪히는 문제가 현장 엔지니어링의 복잡도인데, 이런 도구들은 로봇이든 설비든 연결·구성·운영을 표준화해 확장 가능한 시스템으로 바꾸는 역할을 합니다. 공장은 한 번 멈추면 손실이 크기 때문에 운영제의 업네이트가 느리고, 그 사이에 보안 문제도 신경 써야 합니다. 록웰 오토메이션의 산업제어 관련 권고(업데이트·버전 권장)는 공장 OS 기업의 책임이 안전·보안까지 포함된다는 현실을 보여줍니다.

미국의 허니웰(Honeywell, HON)은 공정산업(정유·화학·광물·에너지)에서 강력합니다. 휴머노이드가 가장 먼저 투입될 산업이 조립공장만은 아닙니다. 사람이 위험해서 못 들어가는 공정이 있어서 원격 운영이 필요한 현장도 있습니다.

허니웰은 산업용 공정 제어 시스템인 Experion PKS(Process

Knowledge System)를 중심으로 한 DCS(Distributed Control System, 분산제어시스템) 기반 기술을 통해 플랜트의 제어·안전·원격 운영을 통합해 왔습니다. 실제 고객 프로젝트에서도 자동화와 안전 제어 시스템을 공급하면서 Experion PKS와 컨트롤러를 패키지 형태로 제공한 사례도 있습니다.

이 기업들은 로봇을 잘 만드는 것을 넘어 로봇이 일할 무대를 안전하고 확장할 수 있게 만듭니다. 휴머노이드의 상용화 속도는 로봇 하드웨어만이 아니라, 이 공장 OS의 성숙도에 의해 상한이 정해질 가능성이 큽니다.

로봇 OEM 기업

휴머노이드를 이야기하면 시선이 대부분 테슬라나 스타트업처럼 '새 얼굴'에 쏠리지만, 실제로 돈이 흐르는 곳은 기존 산업용 로봇 시장입니다. 이 기업들은 휴머노이드를 직접 만들지 않더라도 로봇의 핵심인 구동, 제어, 안전, 유지보수, 고객 네트워크 등을 이미 보유하고 있습니다.

휴머노이드가 공장에 들어가는 초기 단계에서는 완전한 범용 로봇보다, 특정 작업을 안정적으로 반복하는 형태가 더 빨리 자리 잡을 가능성도 있습니다. 이때 기존 로봇 OEM의 강점은 단순 기술이 아니라 납품·AS·부품 공급·통합 생태계까지 포함한 현장 신뢰도입니다.

ABB가 대표적인 사례인데, 로봇 사업을 담당하는 ABB Robotics

의 구조 변화가 중요한 관전 요소가 됐습니다. ABB는 한때 로보틱스 사업을 분사해 상장시킬 예정이었습니다. 그러나 2025년 10월, 일본의 소프트뱅크(SoftBank Group, 9984)가 ABB의 로보틱스 사업부를 약 54억 달러(약 8조)에 인수하겠다고 발표했고 이 거래는 2026년 하반기에 마무리될 것으로 예상합니다.

이 소식은 로봇 OEM의 경험과 역량이 피지컬 AI 포트폴리오의 핵심 자산으로 재평가되고 있음을 보여줍니다. 휴머노이드 시장이 열리면 로봇 하드웨어 회사가 단독으로 싸우기보다, AI·데이터센터·반도체·통신·운영까지 묶는 플랫폼에 편입되는 그림이 더 자연스러워지기 때문입니다. 휴머노이드 시대에 로봇 OEM은 약해지는 게 아니라, 플랫폼 전쟁의 중요한 플레이어가 될 수 있습니다.

일본의 화낙은 산업용 로봇 분야의 대표적인 강자입니다. 2025~2026년도에는 엔비디아와 협력해, 로봇이 스스로 보고 배우고 판단할 수 있도록 만드는 기술을 강화하고 있습니다. 단순히 정해진 동작만 반복하는 기계가 아니라, AI를 통해 학습하고 발전하는 로봇으로 바뀌고 있는 것입니다. 이런 흐름은 기존의 전통적인 로봇 기업들이 휴머노이드처럼 '데이터로 학습하는 방식'을 받아들이는 과정으로 볼 수 있습니다.

휴머노이드가 기존 로봇을 대체한다기보다, 기존 로봇이 휴머노이드에서 쓰이는 AI 스택을 흡수하면서 더 똑똑한 산업용 로봇으로 진화할 가능성도 있습니다.

로봇을 학습·제어하는 데 필요한 AI 소프트웨어와 모델의 계층 집합
파운데이션 모델, 시뮬레이션 훈련, 실시간 추론 등이 수직으로 연결된 구조

야스카와
전기

야스카와전기(Yaskawa Electric, 6506)는 로봇 OEM이 공장 밖까지 확장할 때 무엇이 필요한가를 실험하고 있습니다. 야스카와전기는 소프트뱅크와 피지컬 AI를 사회적으로 구현하기 위한 협업을 발표했고, 오피스 환경에서 파트너 시스템과의 통합을 강조했습니다. 휴머노이드는 시나리오가 정해지지 않은 환경에서도 일해야 하는데, 이때는 로봇 본체보다도 통신·엣지 컴퓨팅·안전·워크플로우 통합이 병목이 될 수 있습니다. 야스카와전기와 소프트뱅크의 협업은 그 병목(연결성과 지연, 운영)을 줄이려는 시도로 볼 수 있습니다.

마이디어 그룹

독일의 KUKA(비상장)는 현재 중국의 마이디어 그룹(Midea Group, 000333)에 편입된 기업입니다. 마이디어는 가전 제조 DNA를 가진 회사인데, KUKA 인수로 산업용 로봇 역량까지 가져왔습니다. 최근에는 'Embodied Intelligence' 로드맵과 휴머노이드 시연을 보여주면서 자사 공장에 휴머노이드가 실제 작업을 수행했음을 밝히고 있습니다. 자기 공장이 곧 시험대라는 논리를 강조하는 거죠. KUKA의 강점(산업용 로봇 제어·안전·통합)과 마이디어의 강점(대량 생산·원가·자기 수요처)이 결합되면, 로봇 OEM이 휴머노이드 제조사로 넘어가는 출발점이 될 수 있습니다.

테라다인

미국의 테라다인(Teradyne, TER) 같은 협동로봇 강자도 주목할 만합니다. 테라다인의 유니버설 로봇(Universal Robots, 비상장) 인수는 산업용 로봇은 이미 M&A로 플랫폼화가 진행 중이라는 신호이기도 합니다. 유니버설 로봇은 그동안 사람 옆에서 안전하게 일하는 로봇의 표준을 만들어왔습니다. 당연히 휴머노이드가 공장에 들어갈 때 가장 먼저 요구되는 것은 안전과 협업입니다.

중국의 에스턴 오토메이션(Estun Automation, 002747)은 모터·구동 계열 강점을 바탕으로 부품+완제품의 포지션을 가져가고 있습니다. 중국의 휴머노이드가 빠른 이유는 부품·제조·자기 수요처·정부 프로젝트가 동시에 돌아가기 때문인데, 에스턴 오토메이션 같은 회사가 그 중간(부품과 시스템)을 잇는 다리가 될 수 있습니다.

로봇 OEM은 휴머노이드가 커질수록 사라지는 기업이 아니라 재평가되는 기업입니다. 휴머노이드가 로봇의 미래라면, 로봇 OEM은 그 미래로 가는 입구에 서 있습니다. 기존 로봇 OEM이 피지컬 AI의 흐름에서 어떻게 살아남을지, 그 안에서 이루어지는 M&A가 어떤 흐름을 만들어갈지 주목할 시점입니다.

휴머노이드 완제품 통합자

통합자(Integrator)		
구분	국가	기업
통합자 (Integrator)	미국	테슬라 Tesla
	중국	BYD BYD
	중국	알리바바 Alibaba
	미국	아마존 Amazon
	미국	애플 Apple
	한국	삼성전자 Samsung Electronics
	한국	레인보우 로보틱스 Rainbow Robotics
	중국	유비테크 UBTECH Robotics
	일본	소니 Sony
	한국	현대차 Hyundai Motor
	일본	도요타 Toyota
	중국	광저우자동차 그룹 GAC Group
	중국	에스턴 오토메이션 Estun Automation
	중국	텐센트 Tencent
	중국	샤오미 Xiaomi
	스위스	ABB ABB
	미국	테라다인 Teradyne
	중국	마이디어 그룹 Midea Group
	한국	네이버 NAVER
	대만	폭스콘 Foxconn
	중국	샤오펑 XPeng

휴머노이드의 고객은 로봇을 보고 싶어 하는 사람이 아니라 일을 시키려는 사람입니다. 지금의 데모 시연보다 더 어려운 걸 해내야 하는 거죠. 구체적인 작업을 정의하고, 그 작업에서의 실패

비용을 통제하고, 대량 배치를 전제로 원가·부품, 수급·AS를 설계하고, 배치 후 데이터를 모아 매주 업데이트하며 성능을 끌어올려야 합니다. 로봇 1대가 아니라 로봇 플릿+운영 소프트웨어+학습 루프를 팔아야 합니다.

> 여러 대의 로봇을 하나의 팀처럼 묶어 동시에 운영하는 체계

테슬라는 옵티머스를 공장 투입에서 시작해 범용으로 확장하겠다는 메시지를 반복해 왔습니다. 2026년에도 일론 머스크(Elon Musk)는 공격적인 생산 규모와 일정을 제시하고 있습니다. 그의 발언은 구체적인 시기보다는 방향성에 주목해야 합니다. 달성 불가능해 보이는 도전적인 목표를 제시하여 매번 지연되기도 하지만, 그 비전을 통해 기업과 산업 전체를 이끌어 가기 때문입니다.

현대차그룹의 보스턴 다이내믹스는 실제 공장 투입 계획을 더 구체적으로 숫자로 제시했습니다. 공장 자동화를 위해 2028년까지 연 3만 대 휴머노이드 생산을 목표로 하겠다고 발표했는데, 휴머노이드를 마케팅이 아니라 설비 투자로 다루기 시작했다는 신호입니다. 지금까지 보여주었던 로봇의 멋진 동작이 아니라, 어느 공정에 넣고, 어떤 KPI로, 어떻게 운영할지가 중요해지는 것입니다. 자동차 회사들은 라인 밸런싱, 공정 품질, 원가 절감, 유지보수 체계를 이미 알고 있고, 이게 휴머노이드 상용화의 현실적인 강점입니다.

미국의 스타트업도 자동차 현장에 적용 사례를 늘리고 있습니다. Figure AI는 BMW 공장에서 Figure 02의 테스트를 진행했고, 이후 자체적으로 누적 런타임, 적용성과 같은 수치를 공개했습니다. 2025년 말에 Figure 02의 생산 현장 경험을 다음 세대로 반

영하겠다고 밝히며 운영 데이터를 활용하고 있음을 강조했습니다. 앱트로닉(Apptronik, 비상장)은 2026년 2월에 대규모 투자를 유치했고, 메르세데스 벤츠(Mercedes Benz, MBG) 및 구글의 딥마인드와 연결되고 있습니다. 핵심은 로봇 하드웨어보다 학습 모델과 배치 파트너십(공장, 물류)이 자금의 논리를 만들고 있다는 사실입니다.

샤오펑

중국 자동차·테크 진영도 빠르게 움직이고 있습니다. 샤오펑(XPeng, 9868)은 공식 발표에서 2026년 말까지 높은 수준의 휴머노이드 대량 생산을 목표로 한다고 밝혔습니다. 휴머노이드가 연구실 기술에서 제품으로 가는 구간에서 완벽한 성공은 없습니다. 공개 시연에서 넘어지는 장면이 있었는데, 이 실패조차 여과 없이 활용하고 있습니다. 실패를 줄이는 운영 능력이 기업의 본질이 된다는 점에서 업계의 속도전을 상징하는 장면입니다.

유비테크

중국의 유비테크(Ubtech Robotics, 9880)는 순수 휴머노이드 기업 중 몇 안 되는 상장사입니다. 휴머노이드가 아직 비상장 투자가 대부분이라는 점에서 매력적으로 보이지만, 앞으로는 납품 실적과 함께 실질적인 운영 성과가 있느냐를 체크해야 합니다. 최근에는 BYD, 둥펑자동차(Dongfeng Motor), 니오(NIO) 등 중국 주요 자동차 기업들과 파트너십을 맺고 산업 현장에 적용하려는 시도를 확인할 수 있습니다.

제조 쪽에서는 대만의 폭스콘과 엔비디아의 협업이 인상적입니다. 폭스콘은 휴머노이드가 범용 작업보다 공장 조립의 특정 작업 단계에서 가치를 만들 수 있음을 보여줍니다.

폭스콘은 2026년 초부터 휴스턴 AI 서버 공장에서 케이블 삽입·조립·핸들링 같은 매우 구체적인 작업에 휴머노이드를 투입하고 있다고 밝혔습니다. 폭스콘은 자기 자신이 최대 수요처입니다. 판매를 기다리지 않고, 내부 공장에서 학습과 개선을 돌릴 수 있어서 휴머노이드 로봇을 공개하지 않더라도 주목할 필요가 있습니다.

아마존

아마존(Amazon, AMZN)은 휴머노이드를 현장에서 활용할 가능성을 시험해왔고 이미 75만 대 이상의 산업용 로봇을 운영하는 세계 최대 산업 로보틱스 기업이기도 합니다. 어질리티 로보틱스에 투자하고 이족보행 로봇인 Digit을 물류 창고에서 테스트하며 휴머노이드 실용화에 가장 적극적으로 나서고 있습니다. 최근에는 블루 제이(Blue Jay)라는 창고용 로봇 프로젝트를 중단한 사례도 보도되었는데, 이는 휴머노이드 경쟁이 단순히 기술력만 자랑하던 시대는 끝났다는 뜻이기도 합니다. 비용·제조 복잡도·현장 적용성과 운영 난이도까지 고려해야 한다는 점에서 표면적인 기사만으로 판단해서는 안 된다는 것을 알 수 있습니다.

한국에는 휴머노이드 상장사로 레인보우 로보틱스가 있습니다. 삼성전자가 주주이기 때문에 언제 제조 현장에 투입되는지가 관건입니다. 삼성전자의 제조·품질·공급망 역량이 결합하면 파일럿에서 양산까지 전환이 빨라질 수 있습니다.

휴머노이드 통합자로 남으려면 로봇 제조에서 그치는 것이 아니라 소프트웨어·운영까지 할 수 있어야 합니다. 멋진 데모를 시연하는 로봇을 만드는 회사에서 휴머노이드 운영 기업으로 진화

해야 하는 것입니다. 1천 대를 배치해도 멈추지 않는 운영과 현장 사례를 통해 업데이트를 지속할 수 있는 회사가 진짜 승자로 남을 것입니다.

기존 산업을 넘어 휴머노이드로 확장하는 기업들

광저우
자동차 그룹

- 제조 DNA로 휴머노이드를 만드는 자동차 기업들
일본의 도요타(Toyota, 7203)는 T-HR3와 Punyo 휴머노이드를 개발하며 수십 년간 자체 로봇 연구를 이어온 기업입니다. 중국의 광저우 자동차 그룹(Guangzhou Automobile Group, 601238)은 GoMate 휴머노이드를 개발 중입니다. BYD(1211N) 역시 내부적으로 'Yao Shun Yu'라는 프로젝트명으로 휴머노이드를 개발하고 있습니다.

BYD

- 가정으로 들어오는 휴머노이드
LG전자(066570)는 가정용 휴머노이드를 개발 중이며, 스마트홈 생태계와의 연계가 기대됩니다. 소니는 이미 휴머노이드 로봇 QRIO 프로토타입을 제작한 바 있으며, 활용 사례가 결정되면 빠르게 시장에 진입할 수 있는 기술력을 보유하고 있다고 자체 평가하고 있습니다. 또한, 로봇용 카메라 센서 공급사로서도 이미 휴머노이드 공급망에도 발을 걸치고 있습니다.

LG전자

샤오미(Xiaomi, 1810)는 CyberOne 휴머노이드를 공개하며 시장 진입 의지를 드러냈습니다. 가성비 전략으로 소비자 시장을 공략해 온 경험이 양산형 휴머노이드에서도 강점이 될 수 있습니다.

샤오미

애플(Apple, AAPL)은 공식적으로 휴머노이드 개발을 발표한 적은 없지만, 카네기 멜런 대학교(Carnegie Mellon University)와 협력하며 휴머노이드 기술을 연구 중인 것으로 알려져 있습니다. 자체 칩 설계 역량과 소프트웨어 생태계를 고려하면 언제든 본격 진입할 수 있는 기업으로 꼽힙니다.

애플

• 물류와 데이터로 휴머노이드를 품는 기업들
중국의 알리바바(Alibaba, BABA06)는 자회사를 통해 휴머노이드 로봇 개발사인 베이징 싱통에라 테크놀로지(Beijing Xingtong Era Technology, 비상장)에 투자하며 공급망 구축에 나서고 있습니다. 방대한 물류 네트워크와 알리클라우드를 기반으로 휴머노이드 상용화에 필요한 인프라를 갖추고 있습니다.

알리바바

텐센트(Tencent, 0700)는 내부 로보틱스 랩을 운영하며 휴머노이드 기술을 연구 중입니다. 직접적인 물류 수요보다는 AI와 소프트웨어 플랫폼 측면에서 휴머노이드 생태계에 이바지할 가능성이 큽니다.

텐센트

네이버(Naver, 035420)는 Ambidex 휴머노이드를 개발 중이며, 제2사옥인 1784를 로봇 친화적 건물로 설계해 실제 운영 환경에서 로봇 기술을 검증해 온 기업입니다.

네이버

Part 03
피지컬 AI 상용화 로드맵

Chapter 07

피지컬 AI 산업은
어떻게 성장할까?

지금까지 우리는 휴머노이드를 안에서 들여다봤습니다. 두뇌를 만드는 반도체, 세상을 인식하는 센서, 몸을 움직이는 액추에이터, 그리고 이 모든 것을 하나로 엮는 통합자까지. 수십 개의 기업이, 수백 개의 부품이, 하나의 로봇 안에서 맞물려 돌아가고 있습니다.

그러나 기술은 그 자체로 완결되지 않습니다. 휴머노이드가 공장 바닥에 발을 딛고, 도로 위를 달리고, 사람의 일상 안으로 들어오는 순간부터 비로소 산업이 됩니다. 피지컬 AI가 현실에 투입되면 어떤 산업이 바뀌고, 누가 그 변화에서 돈을 벌게 될까요?

피지컬 AI가 세상을 바꿀 것이라는 데 이견을 다는 사람은 많지 않습니다. 문제는 언제, 어떤 순서로 바꾸느냐입니다. 지금 당장 모든 산업이 동시에 바뀌지는 않습니다. 어떤 산업은 이미 로봇이 들어오고 있고, 어떤 산업은 10년 뒤에야 문이 열릴 수도 있습니다.

투자자에게 중요한 건 피지컬 AI가 온다는 사실이 아니라 어느 단계에서 어떤 기업이 돈을 버는가입니다. 이 질문에 답하는 유용한 도구가 있습니다. 기술의 확산이 어떻게 진행되는지를 설명하는 S-커브입니다.

S-커브로 읽는 피지컬 AI 산업

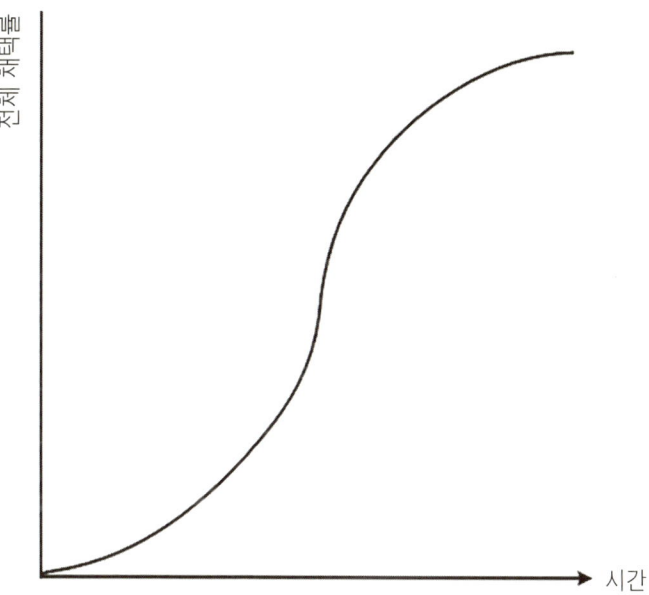

이 개념을 가장 널리 정리하고 대중화한 사람은 에버렛 로저스(Everett M. Rogers)라는 미국의 사회학자입니다. 그는 1962년 출간한 『혁신의 확산(Diffusion of Innovations)』을 통해 혁신은

더디게 시작하다가 어느 순간 폭발적으로 퍼지고, 다시 성숙기에 접어들며 둔화된다고 설명했습니다. 그의 이론에 따르면 처음에는 혁신가와 얼리어답터만 기술을 받아들여 성장이 느립니다. 그러다 임계점에 도달하면 다수가 한꺼번에 기술을 사용하기 시작하면서 급격히 성장합니다. 마지막으로 대부분이 혁신에 적응하고, 뒤늦게 기술을 접하는 소수 인원만 남으면 성장 속도는 다시 완만해집니다.

이 이론이 흥미로운 이유는 단순히 기술의 확산 속도를 설명해서가 아닙니다. 단계마다 돈을 버는 기업이 다르다는 인사이트를 주기 때문입니다. 혁신가와 얼리어답터가 기술을 검증하는 초기에는 그 기술을 만들고 가르치는 인프라 기업이 먼저 수혜를 받습니다. 초기 다수자가 기술을 받아들이는 확장기에는 제품을 만들고 파는 기업이 폭발적으로 성장합니다. 그리고 기술이 일상에 스며드는 성숙기에는 그 기술을 활용해 생산성을 높인 기업들이 비로소 이익을 냅니다. 어느 단계에 있는지를 읽어야, 어떤 기업에 투자해야 하는지가 보입니다.

혁신 수용자를 분류하는 5단계

- 혁신가(2.5%): 가장 먼저 새로운 기술을 도입하고 만들어내는 사람들입니다.
- 얼리 어답터(13.5%): 새로운 기술의 가능성을 빠르게 알아보고, 주변에 전파합니다.
- 초기 다수자(Early Majority, 34%): 대중화가 시작되어 주류가 되

는 단계입니다. 초기 다수자를 설득하기 전에, 기술은 캐즘 (Chasm)이라는 공백기를 맞습니다. 초기 다수자는 평균보다 빠르게 혁신을 받아들이지만, 충분히 가치가 있는지 검증합니다.

- 후기 다수자(Late Majority, 34%): 사회적 압박이나 필요로 뒤늦게 수용합니다. 혁신 기술은 보편화되면서 다수 효과로 인해 가격이 급격하게 낮아지는 경우가 많습니다.
- 지각 수용자(Laggards, 16%): 가장 보수적이며 전통적인 방식을 고수하다가 마지막에 따라갑니다.

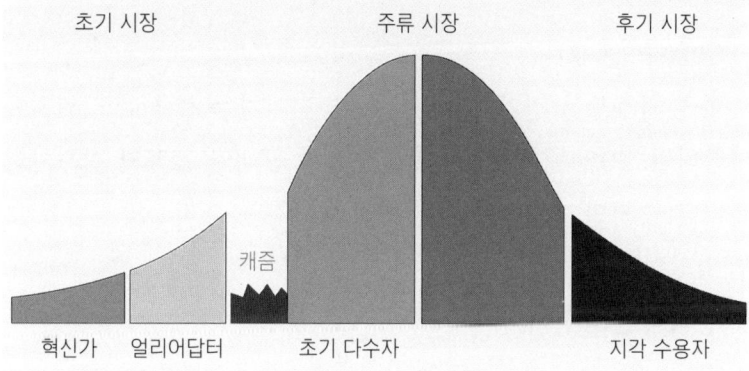

Case 1 스마트폰

S-커브의 패턴은 새로운 이야기가 아닙니다. 우리는 이미 이 곡선을 여러 번 목격했습니다. 스마트폰을 떠올려 보겠습니다. 초기 스마트폰 시장은 노키아나 블랙베리가 만든 키보드가 있는 휴대전화로 시작되었습니다. 일부의 얼리어답터만 사용하는 고가의 제품이었죠. 하지만 2007년 아이폰이 등장하면서 혁신가와 얼리어답터뿐만 아니라 초기 다수자까지 이 제품의 가능성을 알아보았습니다. 강한 팬덤에 앱스토어를 통한 네트워크 효과까지 더해

지면서 대중들을 빠르게 설득해 냈습니다. 얼마 지나지않아 저가의 보급형 스마트폰이 등장하면서 후기 다수자도 기술을 받아들였고, 2014년에 스마트폰 기술의 침투율은 이미 70%를 넘어섰습니다. 그리고 2020년, 테크에 관해서는 대표적인 지각 수용자인 워런 버핏이 휴대전화를 스마트폰으로 바꾸었고, 지금은 전 세계 인구 대다수가 스마트폰을 손에 쥐고 있습니다. 스마트폰이 만들어온 혁신의 S-커브는 20년도 지나지 않아 완성 단계에 도달했습니다.

Case 2 전기차

다른 사례로는 전기차가 있습니다. 전기차는 지금 다른 위치에 있습니다. 2024년 기준 전 세계 승용차 판매의 22%가 전기차였습니다. 숫자만 보면 빠른 성장처럼 보이지만, 로저스의 분류로 보면 얼리어답터에서 초기 다수자로 넘어가는 경계인 캐즘(Chasm)을 통과하는 중입니다.

캐즘은 S-커브에서 가장 위험한 구간입니다. 얼리어답터는 이미 샀고, 초기 다수자는 아직 망설이는 시기입니다. 전기차가 지금 겪고 있는 수요 둔화 논란은 S-커브의 구조적 특성입니다. 기술의 사용 인프라(전기차의 경우에는 충전소)와 비용(배터리 가격), 안전에 대한 인식이 해결되면 빠르게 주류가 될 가능성이 있다는 해석이 많습니다. 국가별로 보면 중국은 이미 캐즘을 넘어 전기차 대중화 단계에 들어서 있죠.

Case 3 태양광 에너지

태양광 에너지도 같은 곡선을 그리고 있습니다. 불과 20년 전만 해도 태양광 발전은 너무 비싸서 일반 가정에서는 보조금 없이는 사용할 생각조차 하지 않았습니다. 하지만 지금은 비용이 90% 넘게 하락하면서 세계 전력의 약 10% 이상을 담당하고 있으며 매년 20%씩 성장하고 있습니다. 혁신가들이 지붕에 패널을 올리던 시절이 엊그제 같은데, 이제 태양광은 가장 저렴하게 전기를 생산하는 기술이 되었습니다.

피지컬 AI는 어디까지 왔을까?

생성형 AI는 스마트폰보다 더 빠른 속도로 성장하고 있습니다. 챗GPT는 2022년 11월 출시 이후 단 2개월 만에 사용자 1억 명을 돌파했고, 2025년 하반기 기준으로 주간 사용자 수가 7억 명을 넘어섰다고 합니다.

생성형AI 시장 전체로 확대하면 더 파급력이 큽니다. 글로벌 여론조사기관인 Ipsos와 구글의 2025년 조사에 따르면 전 세계 48%가 지난 1년간 생성형 AI를 사용해 봤다고 답했습니다. 이미 초기 다수자가 기술을 받아들이는 단계라는 거죠. 별도의 하드웨어 없이 스마트폰만 있으면 바로 쓸 수 있고, 언어라는 가장 보편적인 인터페이스를 사용하며, 쓸수록 더 유용해지는 네트워크 효과까지 작동하고 있어서 캐즘 없이 성장하고 있는 듯합니다.

피지컬 AI는 전기차나 태양광 에너지처럼 복잡하지만 더 큰 성장곡선을 만들 것으로 보입니다. 피지컬 AI는 하드웨어가 필요합니다. 가볍게 사용해 볼 수 있는 생성형 AI와 달리, ROI를 먼저 따지게 됩니다. 공장에 로봇 한 대를 들여놓으려면 구매 비용뿐만 아니라 설치, 유지보수, 작업자 재교육, 안전 인증까지 고려해야 합니다. 소프트웨어처럼 클릭 한 번, 다운로드 한 번으로 도입되지 않습니다. 그러나 혁신가들은 이미 움직이고 있습니다. 일부 스타트업 뿐 아니라 대형 제조기업들이 파일럿 프로그램을 시도하고 있으니, 피지컬 AI는 혁신가에서 얼리어답터로 넘어가는 단계로 볼 수 있습니다.

피지컬 AI 성장의 변곡점은 아직 오지 않았습니다. 전기차가 충전 인프라와 배터리 가격이라는 장벽을 넘어야 하고, 태양광이 설치 비용과 전력망 연결 문제를 해결해야 하는 것처럼, 피지컬 AI도 가격과 신뢰성, 생산성 향상을 증명해야 하는 순간이 옵니다.

현재 양산형 휴머노이드의 목표 가격은 대당 2만~5만 달러(약 3,000~7,500만 원) 수준입니다. 미국 기준 최저임금 노동자 한 명의 연간 인건비가 약 3만 달러(약 4,500만 원)인 점을 고려하면, 로봇 가격이 이 수준 아래로 내려오고 현장에서 안정적으로 작동한다는 신뢰가 쌓이는 순간이 피지컬 AI의 변곡점이 될 것입니다. 그리고 그 변곡점이 오기 전까지 조용하게, 안정적으로 돈을 버는 기업들이 나올 것입니다.

피지컬 AI의 상용화도 다른 기술 확산과 마찬가지로 S-커브를 그릴 가능성이 높습니다. 처음에는 기대가 크지만 실제 도입은 제한적이겠죠. 초반 성장이 느리다고 해서 비관적으로 전망하면 안 됩니다. 어느 순간 경제성이 확보되기 시작하면 확산 속도가 급격하게 빨라지고, 혁신이 모든 산업에 녹아드는 성숙기에 접어듭니다. 각 구간에서 승자의 기준도 바뀝니다. 이 과정에서 돈은 한 번에 최종 제품으로 가지도 한곳에만 쌓이지도 않습니다. 이제 각 단계를 초기시장(캐즘 이전)-확장기(전기 다수 수용자)-성숙기(후기 다수 수용자 이후)로 나누어 보겠습니다. 여기에서는 간략히 구분만 하고 다음 장에서 세부적으로 다루겠습니다.

- 초기: 피지컬 AI를 학습시키는 데이터센터와 현실을 디지털로 복제하는 기업이 혜택을 받습니다. 피지컬 AI 투자가 ROI를 넘지 못해도 이 기업들은 이미 돈을 벌기 시작합니다.

- 확장기: 로봇을 만드는 부품 기업과 통합자(Integrator)가 폭발적으로 성장합니다. 혁신가와 얼리어답터가 검증한 가능성을 보고, 피지컬AI를 도입하는 기업이 늘어납니다. 공장과 물류에서 시작해 휴머노이드 생태계가 확장됩니다.

- 성숙기: 피지컬 AI를 도입한 기업들이 비용 절감과 생산성 향상의 수익뿐 아니라 새로운 가치를 만듭니다. B2C 서비스까지 확장되어 대중이 업무나 일상생활에서 피지컬 AI를 만나고, 직접 사용하는 사람이 늘어납니다. 로봇을 만든 기업보다 로봇을 가장 잘 활용한 기업이 승자가 되는 시기입니다.

Chapter 08

시장을 연 기업과
돈 버는 기업이 다른 초기

S-커브의 초기는 기술의 혁신은 인정하지만, 제품이 만드는 가치에 대한 의문이 공존하는 시기입니다. 의문이 커질수록 돈은 그 기술을 가능하게 하는 인프라나 표준 게임의 승자에게 흘러갑니다. 이 초기 국면을 이해하는 데 가장 좋은 사례가 개인용 컴퓨터(Personal Computer, PC) 시장입니다.

을의 자리에서
시장을 지배하기까지

타임지는 매년 그해를 상징하는 인물을 뽑습니다. 그런데 1982년은 그 전통이 깨진 해입니다. 사람이 아닌 기계가 최초로 타임지 표지를 장식했거든요. 1983년 1월 3일 표지는 'The Computer,

Machine of the Year'였습니다. 그만큼 PC는 시대를 바꾸는 새
로운 상징으로 여겨졌습니다.

기업이 미래 성장을 위해 공장, 장비,
설비 같은 장기 자산에 투자하는 돈

1981년 IBM이 최초의 PC를 출시한 이후로, 수많은 기업이 컴퓨
터를 사기 시작했습니다. 하지만, 기업들이 컴퓨터를 들여놓는 수
만큼 Capex 투자 효과가 곧바로 생산성 향상으로 확인된 것은 아
니었습니다. 1987년 노벨 경제학상을 수상한 MIT의 경제학자 로
버트 솔로(Robert Solow)는 '컴퓨터는 어디에나 보이지만 생산
성 통계에는 보이지 않는다'라고 지적했습니다. 기술은 눈부시게
발전하지만, 실제 경제의 생산성 증가율은 낮게 나타나는 현상을
'생산성 역설'이라고 부릅니다. 기술 투자와 성과 사이에는 시차
가 있다는 것입니다.

PC로 인한 거시 경제의 생산성 향상이 통계로 확인된 것은 거
의 20년이 지난 1990년대 후반입니다. 그렇다면 그동안 가장 높
은 평가를 받은 기업은 어디일까요? 흥미롭게도 PC 시장의 얼굴
이었던 IBM이 아니었습니다. 시장의 규칙을 만들어간 두 기업, 인
텔과 마이크로소프트입니다. 인텔은 PC의 두뇌인 CPU를, 마이크로
소프트는 운영체제(MS도스와 윈도우)를 공급했습니다. 지금이야
이들이 단순한 공급사가 아니라는 것을 알고 있지만, 당시에는 인
텔과 마이크로소프트 모두 IBM에 자사의 제품을 공급하기 위해 애
썼던 '을'이었습니다.

IBM은 인텔의 CPU를 채택하면서도, 단일 공급사에 의존하는
리스크를 없애기 위해 인텔의 경쟁사인 AMD에도 동일한 설계를
사용하도록 했습니다. 인텔 입장에서는 자사의 핵심 설계를 경쟁

사에 넘겨야 하는 굴욕적인 조건이었습니다. 하지만 IBM 없이는 시장에 접근하기 어려웠던 인텔로서는 울며 겨자 먹기로 그 조건을 수락할 수밖에 없었습니다.

1980년 IBM이 운영체제 공급사를 찾을 때, 마이크로소프트는 상장도 하기 전이었습니다. 창업자인 빌 게이츠(Bill gates)는 아직 운영체제를 갖고 있지도 않았다고 회고합니다. IBM이 처음 협상을 시작한 기업은 디지털리서치(Digital Research)였습니다. 당시 PC 운영체제 시장에서 가장 앞서있던 기업입니다. 그런데 디지털리서치의 창업자 게리 킬달(Gary Kildall)이 IBM과의 미팅에 나타나지 않으면서 협상이 결렬됐습니다. IBM의 조건이 마음에 들지 않아 의도적으로 피했다는 추측이 유력합니다.

소식을 들은 빌 게이츠는 서둘러 다른 회사(시애틀 컴퓨터 프로덕츠)에서 개발한 운영체제를 7만 5,000 달러(약 1억 1,250만 원)에 사들였습니다. 마이크로소프트는 가격 결정권까지 IBM에게 넘기고, 소스코드 소유권만 인정한 라이선스 계약을 요청했습니다. IBM은 소프트웨어를 하드웨어의 부속품 정도로 봤기 때문에 대수롭지 않게 여기고 비용을 절감할 수 있었던 것을 기뻐했다고 합니다.

하지만 결말은 알려진 대로입니다. IBM이 두 회사에 강요한 조건은 의도치 않게 PC 시장의 표준을 넘겨주는 결과로 이어집니다. 인텔의 CPU와 마이크로소프트의 운영체제는 IBM뿐 아니라 컴팩, HP, 델 등 수많은 IBM 호환 PC 전체에 탑재되기 시작했습니다.

PC 시장은 S-커브의 초기에 승기를 잡은 두 기업이 혁신이 끝날 때까지 주도권을 유지합니다. 완성품인 PC가 아니라 그 구성요소를 공급하는 회사가 시장을 장악할 수 있었던 것은, 이들이 업계의 표준을 손에 쥐었기 때문입니다. 그 둘의 조합을 '윈텔(Wintel)'이라고 부를 정도로, 이들이 만든 표준은 PC 시장 자체가 됐습니다.

[1986~1999년 IBM, 인텔, 마이크로소프트의 연말 종가 비교]

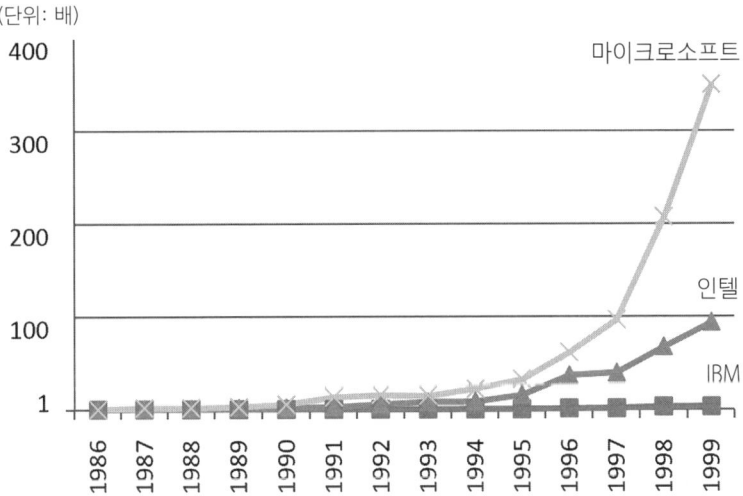

(단위: 배)

1986년 주가를 기준으로 비교하면 IBM은 3.6배, 인텔은 94배, 마이크로소프트는 350배였습니다. 갑의 역할을 했던 IBM과 을이었던 마이크로소프트의 판도가 바뀌었음이 주가로도 여실히 드러났습니다.

피지컬 AI 인프라 시장에서
슈퍼갑은 있는가

피지컬 AI의 초기 단계도 PC 시장과 비슷한 움직임이 보입니다. 아직 로봇이 대중의 일상으로 완전히 들어오기 전, 가장 먼저 돈이 몰리는 곳은 완성 로봇 업체보다 로봇을 학습시키고 검증하는 인프라입니다. 데이터센터용 연산 자원, 현실을 가상으로 옮겨 실험할 수 있게 해주는 디지털 트윈과 시뮬레이션, 그리고 학습 데이터를 빠르게 만들어내는 도구들이 먼저 매출을 만듭니다. 고객이 당장 로봇을 몇 대 살 것인지 결정하기 전에도, 기업은 로봇의 학습과 테스트를 위해 이 인프라에 돈을 쓰기 시작하기 때문입니다.

초기 수익은 로봇 판매가 아니라 로봇 개발 환경에서 먼저 나타날 것입니다. 그런 점에서 가장 주목 받는 기업은 엔비디아입니다. PC 시대에는 인텔과 마이크로소프트가 두뇌와 운영체제 역할을 나눠 가졌습니다. 반면 지금의 엔비디아는 GPU 같은 연산 자원뿐 아니라, Isaac Sim과 같은 시뮬레이션 환경, 로봇 개발 플랫폼, 그리고 GROOT 같은 로봇용 파운데이션 모델까지 한 축으로 묶으려 하고 있습니다.

다른 한 축인 디지털 트윈은 압도적인 기업 없이 치열한 경쟁 속에 있습니다. 시장조사기관 Global Market Insights에 따르면 2024년 디지털 트윈 시장 점유율 1위는 지멘스로 5.2%를 차지했고, 다쏘시스템, 마이크로소프트, 록웰 오토메이션, GE가 뒤를 잇습니다.

상위 5개 기업이 전체 시장의 17%를 차지하는 구조로, 아직 절대 강자가 없는 초기 경쟁 시장입니다. 재미있는 것은 이들이 엔비디아와 협력을 강화하고 있다는 것입니다. 디지털 트윈이 현실을 완벽하게 구현할 수는 없습니다. 그렇다면 무엇을 구현하고 무엇을 넘길지 정해야 하죠. 그 판단 기준을 엔비디아의 가상 세계인 Omniverse에 맞추고 있습니다.

물론 모든 역할이 한 곳에 집중되는 현상을 반가워하는 로봇 제조사는 없습니다. PC 시장의 교훈을 알고 있다면 경쟁 구도를 바꾸고 싶겠죠. 대표적으로 테슬라는 엔비디아 의존도를 줄이기 위해 자체적으로 추론용 AI 반도체 설계 역량을 강화하고 있습니다. 구글은 엔비디아 중심의 표준에 대항하는 대안 생태계를 만들고 있으며, GPU가 아닌 TPU(Tensor Processing Unit)를 더 나은 AI 반도체로 제시하고 있습니다. 구글이 자체 AI 워크로드를 처리하기 위해 설계한 행렬 연산 전용 반도체

중국의 피지컬AI 산업도 미국의 수출 규제에 대응하기 위한 준비가 활발합니다. 화웨이가 자체 AI 칩인 어센드 시리즈를 개발했고, 바이두는 자체 AI 파운데이션 모델과 로봇 플랫폼을 구축하고 있습니다. 유니트리, 샤오펑, 유비테크 같은 중국 휴머노이드 기업들은 중국산 부품과 소프트웨어로 독자적인 공급망을 만들어가는 중입니다. 결과적으로 중국에는 엔비디아 생태계에 종속되지 않는 별도의 피지컬 AI 인프라가 구축되고 있습니다.

투자 관점에서 보면 초기 단계에 집중해야 할 질문은 단순합니다. "어느 로봇 회사가 최종 승자가 될까?"가 아니라, "누가 로봇 경쟁의 승자가 되더라도 매출을 만들 수 있는 표준을 장악하는 기

업은 어디인가?"입니다. PC 시대의 인텔과 마이크로소프트가 그랬듯이, 표준을 쥔 기업은 조용히 돈을 벌기 시작합니다.

Chapter 09

B2B가 승부를
가르는 확장기

S-커브의 확장기는 기술이 대중의 손에 닿기 시작하는 시기입니다. 완성된 제품이 시장에 나오고, 사람들이 직접 그 가치를 경험하면서 보급이 빠르게 확산됩니다. 이 국면을 이해하는 데 가장 좋은 사례는 스마트폰 시장, 그리고 그 중심에 있던 애플입니다.

2007년 1월, 스티브 잡스(Steve Jobs)는 아이폰을 처음 공개하며 이렇게 말했습니다. "오늘 우리는 역사를 다시 씁니다." 애플은 새로운 시대를 열었지만, 지배했다고 보기는 어렵습니다.

2007년에 아이폰을 시장에 선보이고, 2013년에 전 세계 스마트폰 출하량이 10억 대를 넘어서고, 전 세계인 대부분이 스마트폰을 가지는 동안 애플이 시장에서 압도적인 점유율 1위를 기록한 적은 단 한 번도 없습니다. 가끔 분기별 점유율 1위를 기록한 적은 있지만 말입니다.

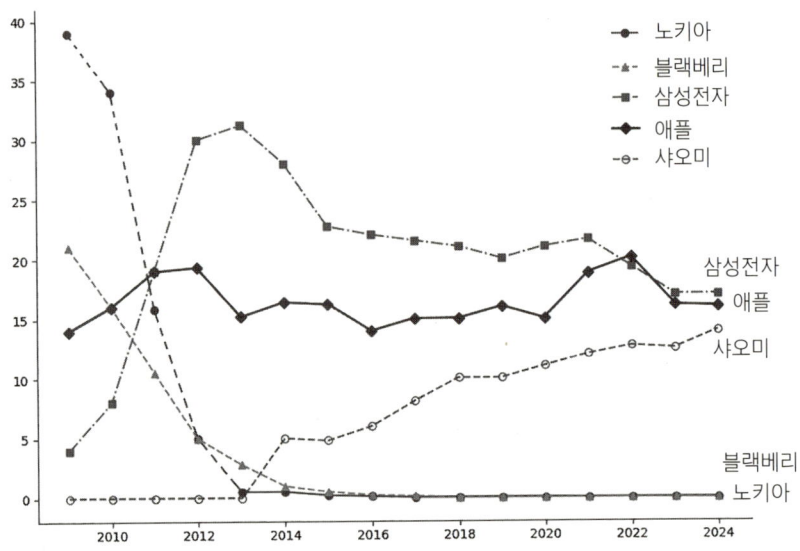

[2009~2024년 스마트폰 시장 점유율]

노키아
블랙베리
삼성전자
애플
샤오미

삼성전자
애플
샤오미
블랙베리
노키아

  기존의 강자인 노키아와 블랙베리는 아이폰 출시 후 5년이 지날 때까지도 스마트폰 시장 과반의 점유율을 유지했습니다. 그들의 시대가 끝났을 때는 삼성전자가 급격히 성장하며 점유율 1위에 올라와 있었고요. 샤오미로 대표되는 중국의 보급형 스마트폰이 기술 확장기의 마지막을 장식하며 성장하기까지. 점유율 과반은커녕 1위 자리조차 지키지 못한 애플입니다. 그렇다면 PC 시대의 IBM과 달리, 어떻게 애플은 스마트폰 시대의 상징으로 남을 수 있었을까요?

승자를 만드는 것은
점유율이 아닌 생태계

  애플의 성장을 '아이폰'이라는 하드웨어로만 본다면 이해하기 어렵습니다. 2000년대 초반까지만 해도 애플은 적자냐, 흑자냐의 기로에 있던 저마진 기업이었습니다. 수익 구조의 반전이 시작된 것은 2003년 4월, 아이튠즈 뮤직스토어를 열면서부터입니다. 컴퓨터인 MAC, 음악 재생기기인 아이팟이라는 하드웨어 기기를 중심으로 콘텐츠를 유통하는 생태계를 만들기 시작합니다. 그렇게 애플은 아이폰 출시 전까지 10%대의 영업이익률을 기록하는 기업으로 성장합니다. 아이폰은 생태계의 시작이 아니라, 이미 준비된 구조를 완성하는 제품이었던 것입니다.

혁신적인 제품의 등장과 시장 지배 사이에는, 생태계가 자리를 잡고 보급되면서 이익이 한 곳으로 집중되는 시간이 필요합니다. 그동안 애플은 전화기, 인터넷 브라우저, 음악 플레이어를 하나의 기기로 합쳤을 뿐 아니라, 앱스토어라는 생태계를 통해 누구나 서비스를 만들고 팔 수 있는 플랫폼이 됐습니다. 하드웨어와 소프트웨어와 생태계를 하나로 통합한 기업이 된 거죠. 그 결과는 기업의 단단한 수익으로 돌아옵니다. 아이폰이 출시된 후, 2009년부터 2025년까지 애플의 연간 영업이익률은 단 한 번도 20% 아래로 내려가지 않았습니다.

2007년 FT Global 500 보고서에서 애플의 글로벌 시가총액 순위는 124위였습니다. 애플이 시가총액 1위에 오른 것은 2012년입니다. 아이폰 출시 후 '한 시대의 상징'이라는 지위를 인정받기까지 5년, 그리고 10년 넘게 시총 1위 기업 타이틀을 놓지 않았습니다. 애플은 스마트폰 S-커브에서 가장 큰 수익을 창출한 기업으로서 주가는 수십 배가 올랐습니다.

물론 스마트폰 시장이 애플만의 무대는 아닙니다. 삼성전자는 세계 최고 수준의 제조 역량과 기술력을 앞세워 출하량 기준 1위 자리를 오랫동안 지켰습니다. 샤오미는 애플과 삼성이 장악하지 못한 신흥국 시장을 저가 전략으로 파고들며 기존 기술인 피처폰 시장을 대체했습니다.

이익 대부분을 애플이 가져가는 동안 점유율은 삼성이, 마지막 대중화는 샤오미가 이끌었습니다. 그렇다면 피지컬 AI 확장기에서 이 세 자리를 차지할 기업은 어디일까요?

애플과 가장 비슷한 전략으로 움직이는 기업은 테슬라입니다. 테슬라는 옵티머스라는 휴머노이드 로봇을 자체 설계하면서, 자율주행에서 쌓아온 AI 소프트웨어 역량과 에너지 인프라를 함께 엮으려 하고 있습니다. 무엇보다 테슬라가 가진 가장 큰 자산은 데이터입니다. 전 세계 수백만 대의 테슬라 차량이 매일 수집하는 주행 데이터를 관리해 본 경험은 로봇이 현실 세계를 학습하는 데 직접 활용될 수 있습니다. 하드웨어, 소프트웨어, 데이터, 제조 능력, 수요처까지 동시에 보유한 기업은 지금으로서는 테슬라가 거의 유일합니다.

삼성전자형 강자로는 보스턴 다이내믹스가 있습니다. 1992년 MIT에서 분사해 30년 넘게 실전 검증을 거쳤고, 휴머노이드 로봇인 아틀라스는 미국 국방고등연구계획국 DARPA가 인증한 공식 플랫폼이었습니다. 현대차 그룹에 인수된 이후에는 세계적 수준의 제조 역량과 실제 산업 현장이라는 수요처까지 확보했습니다. 상업 제품이 제한적이고 가격이 비싸다는 점을 한계로 지적하는 전문가도 많지만, 어떤 스타트업도 단기간에 따라올 수 없는 기술 자산을 보유하고 있습니다.

유니트리는 샤오미형 전략을 가장 빠르게 실행하고 있습니다. 1억 원대의 고성능 모델 뿐만 아니라 수백만 원대의 초저가 휴머노이드 로봇까지 출시하면서 휴머노이드 로봇의 가격 하한선을 끌어내리는 중입니다. 2025년 출하량 기준으로는 이미 휴머노이드 시장 점유율 1위를 기록했습니다. 마진을 포기하고 시장을 먼저 장악하는 전략은 스마트폰 시장의 샤오미가 그랬던 것처럼, 기술력을 축적하는 가장 빠른 경로이기도 합니다.

피지컬 AI, 단일 혁신이 아닌 동시다발적 혁신의 집합

피지컬 AI 산업은 스마트폰 때와는 다르게 흘러가고 있습니다. 세 가지 전략이 순서대로 등장한 게 아니라 동시에 실행되고 있습니다. 애플이 이익을 가져가는 동안, 점유율은 삼성전자가, 가격 파괴는 샤오미가 이끄는 그림이 재현되지 않을 수도 있다는 뜻입니다.

휴머노이드 생산 기업은 현재 100개가 넘습니다. 중국의 전기차 시장도 처음에는 수백 개의 기업이 경쟁했지만, 살아남은 기업은 손에 꼽습니다. 휴머노이드 시장도 그 이상의 경쟁을 뚫어야 승자가 가려질 것입니다.

애플형 기업이 준비되기 전에 삼성형 기업이 소프트웨어 생태계까지 구축하고, 샤오미형 기업이 저가를 넘어 프리미엄 시장까지 주도한다면 결과는 달라질 수 있습니다. 피지컬 AI 시장은 정확히 그런 가능성이 열려 있는 곳입니다. 경쟁은 제대로 시작하지도 않았습니다.

본격적인 경쟁의 무대는 B2B 시장입니다. 피지컬 AI의 확장기는 비싼 가격을 낼 용의가 있는 기업에서 시작됩니다. PC가 생산성 향상을 원하는 기업에서 먼저 시작되었던 것처럼요. 테슬라는 자사 공장에 옵티머스를 투입했고, 아마존은 물류 창고에서 휴머노이드를 테스트하고 있습니다. 폭스콘은 AI 서버 공장 조립 라인에 로봇을 배치하기 시작했습니다. 이 혁신가들의 실험을 보고, 미래를 준비하는 제조기업들은 공정을 하나씩 바꿔가겠죠. 공장에서 이루어지는 단순 반복 작업에서 시작해서 복잡한 조립 공정이나 검사까지 대체할 것입니다. 기존 자동화 로봇이 하지 못하던 일까지 해낼 수 있어야 의미가 있으니까요.

처음에는 완전한 대체보다는 인간과 협업하는 형태가 생산성을 높이는데 더 적합할 것입니다. 로봇을 어디에 어떻게 배치하는 것이 최적인지, 어느 정도의 개입이 필요한지, 여러 대의 로봇을 유기적으로 운영하려면 어떻게 해야 하는지, 공장에서 이루어지는 인간의 일을 완전히 대체하려면 얼마나 복잡한 로봇이 필요할지. 아직은 알지 못합니다.

피지컬 AI의 승자도 로봇 한 대의 성능보다 그 로봇 위에서 얼마나 많은 작업이 가능하고, 생산성을 어떻게 높이느냐로 판가름 날 것입니다. 결정적인 차이는 어떤 산업, 어떤 작업까지 활용 가능한지, 생태계를 얼마나 넓게 확장하는지에 달려 있습니다. 확장기의 투자 기회는 바로 그 답이 좁혀지는 과정에서 만들어집니다.

동아시아는 왜 피지컬 AI 확장기의 핵심 무대인가

피지컬 AI의 확장기에 가장 중요한 자원은 현장 데이터입니다. 시뮬레이션은 물리 세계의 모든 변수를 담지 못하고, 합성 데이터와 실제 데이터 사이에는 여전히 뚜렷한 간극(sim-to-real gap)이 존재합니다. 공장에서 사람이 하던 조립, 검사, 힘 조절, 예외 대응의 흔적을 얼마나 빨리 데이터로 바꾸느냐가 경쟁력의 출발점이 됩니다. 연구자들도 이 방향으로 움직입니다. 로봇 학습 분야에서는 인간의 시연을 직접 관찰해 배우는 'Learning from Demonstration'을 중요한 접근방법으로 다루고 있습니다.

그 현장 경험이 가장 많이 쌓인 곳이 동아시아입니다. 유엔 산업 개발 기구(UNIDO)에 따르면 2024년 기준 아시아와 오세아니아는 전 세계 제조업 부가가치의 57.2%를 차지했고, 한국/중국/일본만 합쳐도 41.6%입니다. 피지컬 AI가 가장 먼저 배워야 할 현실 세계의 작업장이 이 지역에 몰려 있다는 뜻입니다. 공장만 많은 게 아니라, 협력업체 네트워크, 공정관리, 불량 대응 같은 운영 노하우가 수십 년에 걸쳐 누적되어 있습니다. 피지컬 AI 전부터 시작된 자동화 투자도 이를 뒷받침합니다.

IFR에 따르면 2024년 전 세계 신규 산업용 로봇의 74%가 아시아에 설치됐습니다. 문제는 그동안 쌓아온 제조 역량이 영원하지 않다는 점입니다.

동아시아의 급격한 고령화는 단순한 인구 구조의 변화가 아닙니다. 수십 년간 축적된 현장의 숙련 기술을 전수할 허리가 끊기고 있다는 신호입니다. 일본은 OECD 국가 중 가장 높은 노년부양비를 기록하고 있고, 한국은 빠른 속도로 그 뒤를 따르고 있습니다. 장인의 손끝에 담긴 암묵지는 창고에 보관할 수 없고, 한번 현장을 떠나면 복원이 어렵습니다.

인류는 이미 이런 경험을 한 적이 있습니다. 피라미드를 지었던 이집트인들은 거대한 구조물을 설계하고, 수십 톤의 돌을 운반하고, 정밀하게 쌓아 올리는 기술을 갖고 있었습니다. 그러나 그 정확한 공법의 상당 부분은 세대를 거치며 온전히 전승되지 않았고, 오늘날에도 여전히 논쟁의 대상입니다. 동아시아의 제조 역량도 껍데기만 남은 채 같은 운명을 맞을 수 있습니다.

그래서 피지컬 AI 확장기의 핵심 과제는 자동화 그 자체가 아니라 암묵지의 데이터화입니다. 일손이 부족해진 공장을 유지하려면, 인간의 노하우를 센서 로그, 시연 데이터, 작업 이력으로 바꿔 로봇 학습에 연결하는 작업이 이뤄져야 합니다. 이것은 동아시아 기업만의 과제가 아닙니다. 동아시아의 제조 역량은 글로벌 공급망 전체의 기반이기 때문입니다. 제조 역량이 데이터로 보존되지 못한 채 사라진다면, 피지컬 AI가 학습할 현실 세계의 기반 자체가 약해질 수 있습니다.

이 암묵지를 가장 먼저 데이터로 확보하여 여러 생산 현장으로 확장하는 기업은 피지컬 AI 생태계의 주도권을 쥘 수 있습니다. 테슬라가 수백만 대의 차량 주행 데이터에 집착하는 이유, 아마존이 물류센터에 로봇을 먼저 들여놓는 이유도 여기에 있습니다.

데이터의 종류는 달라도 원리는 같습니다. 현실 데이터를 먼저 확보해 학습 루프를 만드는 기업이 다음 경쟁에서 앞서 나갑니다. 데이터는 나중에 돈으로 한꺼번에 살 수 있는 자산이 아닙니다. 현장이 살아 있을 때만 얻을 수 있습니다.

Chapter 10

완제품과 밸류체인 기업이
함께하는 확장기

스마트폰의 확장기는 완제품 기업만의 시대는 아니었습니다. 애플, 삼성전자, 샤오미가 소비자를 설득하기 위해 매년 더 좋은 카메라, 더 선명한 화면, 더 빠른 칩, 더 오래가는 배터리를 내세웠고, 그 과정에서 밸류체인 전체가 함께 성장했기 때문입니다.

일부 부품사의 주가는 완제품 기업보다 더 크게 움직이기도 했습니다. 대만의 라간 정밀(Largan Precision)은 스마트폰 카메라 렌즈에 집중해 그 분야 세계 1위에 오른 기업입니다. 2008년부터 2017년까지 애플 주가가 약 6배 오를 때 라간 정밀은 10배 넘게 상승했습니다. 스마트폰 카메라가 단일 렌즈에서 듀얼, 트리플카메라로 발전하고 성능 경쟁이 치열해질수록, 렌즈 업체는 대당 탑재량 증가와 고사양화의 혜택을 함께 받았습니다. 피지컬 AI에서도 대당 탑재량 증가는 밸류체인 기업 성장의 핵심 동력이 됩니다.

하지만 스마트폰 시대의 구조적 승자는 개별 부품사에만 있지 않았습니다. 생산 구조와 기술 표준의 핵심을 쥔 기업들도 크게 성장했습니다. 애플의 아이폰 조립을 대규모로 맡은 폭스콘은 스마트폰 붐과 함께 세계 최대 전자제품 위탁생산 기업으로 올라섰습니다. 스마트폰용 고성능 칩 제조 수요를 받아낸 TSMC는 첨단 공정에 대한 대규모 투자를 바탕으로 반도체 산업의 중심축이 됐습니다. ARM은 칩을 직접 만들지 않고도 스마트폰 프로세서 설계의 표준을 쥐며 산업 전체에서 로열티를 거뒀습니다. 이들의 공통점은 산업 전반에 영향을 미치는 생산 구조나 기술 표준의 핵심 자리를 차지했다는 데 있습니다.

승자의 기준 1
표준 확보

피지컬 AI에서도 밸류체인의 중심과 기술 표준을 선점하는 기업을 함께 봐야 합니다. 문제는 이 밸류체인이 스마트폰보다 훨씬 복잡하다는 점입니다. 표준이 아직 확정되지 않은 산업의 초기에는 차별화된 성능이 핵심입니다. 어떤 설계가 이길지, 어떤 방식이 현장에서 채택될지 경쟁이 치열한 시기에는 남들이 쉽게 따라오기 어려운 고사양 기술을 가진 기업이 주목받습니다.

반면 시장이 커지고 특정 설계가 사실상 표준으로 굳어지면 경쟁의 축도 이동합니다. 기술 차이가 줄어들고 가격, 생산능력, 공급 안정성, 품질 일관성이 더 중요해집니다. '좋은 기술을 가진 회사'가 잠깐은 대단해 보여도, 영원히 좋은 투자처는 아닙니다. 표준화 이전과 이후를 모두 버틸 수 있는 회사인지, 아니면 초반 경쟁 구간에서만 빛나는 기술 기업인지를 구분하는 것이 피지컬 AI 부품사 투자의 핵심 과제입니다.

S-커브의 확장기에는 고객의 니즈에 따라 다양한 사양의 제품이 탄생합니다. 피지컬 AI는 공장과 물류, 창고, 병원, 서비스 현장처럼 다양한 물리 환경에서 활용될 것입니다. 고객마다 선호하는 성능의 기준도, 경쟁력의 기준도 다를 것입니다. 투입 현장에 따라 필요한 최적의 자유도와 구동 방식, 센서 구성, 배터리 설계, 제어 구조가 달라질 수 있습니다.

이런 시기에는 고객이 어떤 성능을 원하는지에 따라 표준 기술의 판도가 바뀌기도 합니다. 예를 들어, 고객이 휴머노이드에게 인간과 유사한 자연스러운 움직임을 원하게 된다면 DoF(자유도)가 핵심 사양이 됩니다. 더 정교한 액추에이터가 많이 필요해지므로 하모닉 감속기 제조 기업에 병목이 생깁니다. 반면에 더 큰 힘을 내야 하는 수요가 늘어난다면 주요 관절에는 산업용 로봇에 쓰이는 사이클로이드 감속기가 표준으로 채택될 수도 있습니다. 하모닉 감속기 제조 기업에는 반갑지 않은 변화입니다.

승자의 기준 2
병목 해결

핵심 부품에 너무 큰 병목이 생기면 기존 기술을 우회하는 대체기술이 표준으로 자리 잡기도 합니다. 성능을 양보하더라도 양산에 유리한 기술을 활용하는 것입니다. 대표적인 예가 자율주행 산업에서 라이다 없이 카메라만으로 정확도를 높이는 기술이 개발되는 흐름입니다. 이런 불확실성은 양산형 라이다 기업의 수익성이 기대만큼 빠르게 개선되지 못한 배경 중 하나이기도 합니다.

원가 비중이 높다고 해서 자동으로 좋은 사업이 되지는 않습니다. 비중이 큰 부품이라도 기술 차별화 포인트가 약하고 고객이 쉽게 바꿀 수 있다면 언젠가는 가격 인하 압박을 받습니다. 반대로 원가 비중이 아주 높지 않더라도, 인증이 까다롭고 교체 비용이 큰 부품이나 플랫폼은 끝까지 살아남습니다. 비싸게 들어가서 단기적으로 이익이 높은 기업보다, 대체되기 힘든 자리를 차지하는 기업이 좋습니다.

승자의 기준 3
다변화 대응

장기투자 관점에서는 휴머노이드 기업 한 곳에 의존하는 기업보다, 여러 산업에 걸쳐 공통으로 쓰이는 부품과 시스템을 공급하고 고객을 다변화한 기업이 유리합니다. 특정 고객에게 묶인 기업은 신제품 출시 지연이나 한 번의 주문 변동에도 실적과 주가가 크게 흔들릴 수 있습니다. 반면 산업용 로봇, 물류 자동화, 자동차, 의료기기, 방산 등 여러 영역에 공급하는 기업은 시장 전체의 확장과 함께 더 안정적으로 성장합니다.

피지컬 AI 밸류체인의 성장이 휴머노이드 대중화 이후에만 시작될 리는 없습니다. 휴머노이드가 본격적으로 보급되기 전에도 공장 자동화, 물류 자동화, 협동로봇, 자율주행, 드론, 의료용 로봇 같은 영역에서 공통으로 쓰이는 핵심 부품과 시스템의 수요는 먼저 커집니다. 여러 산업에서 공통으로 채택되는 기업은 실적과 생산능력을 키웁니다. 이미 실적을 쌓고 있는 기업이 휴머노이드 시장에서도 앞서나갈 수 있습니다.

피지컬 AI 투자는 단순히 휴머노이드 대표주를 찾는 게임이 아닙니다. 완제품 기업이 시장의 얼굴이 되는 동안, 그 뒤에서 부품을 공급하고 생산을 맡고 표준을 쥔 기업들이 시장의 열매를 나눠 갖습니다. 다만 그 이익은 모든 기업에 고르게 돌아가지 않습니다. 피지컬 AI 밸류체인에서 진짜 찾아야 할 것은 산업이 커져도 고객이 쉽게 교체하지 않는 기업입니다. 병목을 쥔 기업, 여러 산업에 공통으로 공급할 수 있는 기업, 고객을 다변화한 기업, 표준화 이후에도 살아남을 수 있는 기업이 결국 승자가 됩니다.

Chapter 11

완성을 넘어 활용까지
아우르는 성숙기

S-커브의 성숙기는 기술이 일상이 되는 시기입니다. 신기술이 더 이상 신기한 것이 아니라 당연한 것이 되는 순간, 기술의 가치가 전방위적으로 증명되는 시장이 열립니다. 그리고 그 시장의 승자는 기술보다는 우리의 본질적인 욕망을 이해하는 기업인 경우가 많았습니다.

닷컴버블의 교훈

인터넷 시대를 떠올려 보겠습니다. 1990년대 말, 인터넷 인프라를 깔았던 대표 기업은 시스코였습니다. 닷컴 버블의 정점이던 2000년, 시스코는 잠시 세계 시가총액 1위에 오르기도 했습니다. 하지만 버블이 꺼지면서 주가는 90% 가까이 폭락했고, 그 고점을 회복하는 데 무려 25년이 걸렸습니다.

[2000~2026년 상반기 시스코 주가]

전고점 회복까지 약 25년 소요

90% 가까이 폭락

반면 인터넷이라는 인프라 위에서 새로운 서비스를 만든 기업들은 달랐습니다. 닷컴버블 이후 수많은 기업이 시장에서 사라졌지만, 시스코가 닦아놓은 길 위에 제국을 건설하는 기업들이 등장했습니다.

온라인 서점으로 시작하여 1997년에 상장한 아마존은 닷컴버블에서 살아남아 모든 것을 파는 이커머스 기업으로 세계 물류를 장악했습니다. 2002년에 상장한 넷플릭스는 스트리밍이라는 새로운 컨텐츠 소비 방식을 탄생시키며 컨텐츠 산업 전체를 재편했습니다. 버블이 꺼진 후인 2004년에 상장한 구글은 인터넷의 방대한 정보를 체계화하여 검색이라는 관문을 독점했고, 독점력을 통해 거대 광고 플랫폼으로 성장했습니다. 한국에서는 네이버가, 중국에서는 알리바바와 텐센트가, 일본에서는 라쿠텐이 그렇게 성장했습니다.

물론 인터넷과 피지컬 AI는 다릅니다. 인터넷은 한계비용이 거의 없는 디지털 세계였지만, 피지컬 AI는 하드웨어 비용이 있고 물리 세계의 제약을 그대로 안고 갑니다. 로봇 한 대를 추가로 만드는 데는 서버 한 대를 추가하는 것과 다른 비용이 듭니다.

그러나 패턴이 반복되는 이유는 기술의 원가 구조가 아니라 인간의 행동 방식에 있습니다. 새로운 인프라가 깔리면, 그 위에서 인간의 욕망을 가장 잘 이해한 서비스가 시장을 가져갑니다. 이 원리는 인터넷에서도, 스마트폰에서도, 그리고 피지컬AI에서도 다르지 않을 것입니다.

성숙기의 최종 무대

확장기의 무대가 공장이라면, 성숙기의 무대는 우리가 사는 도시와 집입니다. 피지컬 AI의 생산성이 증명되고 가격이 내려오면 모든 산업, 특히 서비스 산업에서 피지컬 AI를 사용하게 되겠지요. 개인 소유보다는 공동의 서비스를 해결하는 휴머노이드부디 출발합니다. 지금 사람이 하는 배달을 휴머노이드가 대신합니다. 이삿짐을 나를 때 포장이사 직원 대신 휴머노이드와 관리자 한 명이 움직입니다. 인테리어나 집수리도 마찬가지입니다. 집에 뭔가 고장이 나면 기술자 대신 휴머노이드가 방문합니다. 전기나 가스를 점검하고, 정수기 필터를 교체하는 것도 휴머노이드가 대신하지 않을까요?

휴머노이드가 가사 노동으로 들어오면, 일상의 풍경은 완전히 달라집니다. 상상력을 발휘해 보자면, 공유경제가 더 활성화될지도 모릅니다. 청소기와 세탁기가 365일, 24시간 돌아가는 가정은 없습니다. 그렇다면 집에 휴머노이드 로봇을 둘 필요가 있을까요? 정기적으로 청소하고 빨래해 주는 휴머노이드 로봇이 방문하면 해결될 수 있으니까요.

공유보다는 소유를 원하게 되면, 정말로 가정당 휴머노이드 집사 하나씩 있는 시대가 오겠죠. 휴머노이드 집사가 문을 열어 휴머노이드 배송 기사를 맞이하는 시대에는 우리의 생활 공간도 달라질 것입니다. 인테리어를 하거나 집을 설계할 때 가전제품의 위치를 고려하게 된 것처럼, 거주 공간을 송두리째 바꿀지도 모릅니다. 부잣집의 가사도우미 방처럼, 해리포터가 이모네서 지내던 다락방처럼, 휴머노이드가 충전하고 대기하는 공간이 집 설계의 새로운 기준이 될지도 모릅니다.

성숙기의 승자는 기술을 만든 기업이 아니라, 기술이 바꿔놓은 일상 위에서 새로운 비즈니스를 만든 기업이었습니다. 그들은 인프라가 완성되기 전부터, 때로는 초라한 모습으로 이미 존재했습니다. 스마트폰이 열어준 앱 시장 위에서 급성장한 에어비앤비는 에어매트리스 3개를 놓고 아침 식사를 제공하며 방문자를 받으면서 시작되었습니다. 넷플릭스는 DVD 대여 서비스부터 시작했습니다. 이 서비스들의 첫 모습만 보면 수조 원짜리 기업을 상상하기는 쉽지 않습니다.

피지컬 AI의 성숙기를 장식할 후보 기업도 이미 우리 주변에 있을 가능성이 높습니다. 쿠팡의 물류 네트워크, 우버의 이동 데이터처럼 이미 대규모 물리적 인프라와 데이터를 가진 기업들이 피지컬 AI와 결합하는 순간 새로운 가치가 실현될 수 있습니다.

가정집 주방에서 설거지를 하려면, 싱크대 높이가 집마다 다르고, 그릇의 종류가 다르고, 물의 온도가 다릅니다. 시뮬레이션만으로는 한계가 있습니다. 피지컬 AI를 만들지 않더라도, 가장 먼저 가치를 만들 기업은 반드시 존재합니다. 지금 우리가 해야 할 질문은 '어떤 서비스가 탄생할까'가 아니라, '지금 살 수 있는 피지컬 AI의 수혜기업은 무엇인가'입니다.

Part 04
피지컬 AI
투자 전략

Chapter 12

로봇주 투자
이 정도는 알고 하자

2026년 초, CES 2026을 계기로 피지컬 AI와 휴머노이드가 시장의 새로운 투자 테마로 급부상했습니다. 현대차그룹은 아틀라스를 전면에 내세우며 양산 계획을 제시했고, 국내 휴머노이드 ETF에도 자금이 빠르게 몰렸습니다. 시장은 기술의 진전만 본 것이 아니라, 그 위에 미래의 기대까지 한꺼번에 얹어 가격을 매기기 시작했습니다.

문제는 여기서부터입니다. 산업이 성장하는 것과, 그 산업과 관련된 주식이 장기적으로 좋은 투자처가 되는 것은 차원이 다른 문제입니다. 새로운 산업이 주목받기 시작하면 먼저 움직이는 것은 실적보다는 기대입니다. 테마성 급등장에서는 실제 경쟁력이 있는 기업과 관련성만 부각된 기업이 함께 오르면서 투자자를 혼란

스럽게 하기도 합니다. 전혀 다른 단계에 있어서 다르게 평가해야 함에도 이슈에만 반응하면서 주가가 장기적 내재가치와 멀어지기도 합니다.

이 장에서 보려는 것은 그 차이입니다. 로봇주 투자에서 중요한 것은 "로봇 산업이 뜬다"라는 당연한 말을 반복하며 무조건적인 신뢰를 키우는 것이 아닙니다. 이 산업이 커질 때 누가 실제로 돈을 버는가, 그 기업의 경쟁력이 쉽게 대체될 수 있는가, 그리고 지금의 주가가 그 미래를 어디까지 미리 반영하고 있는가가 더 중요합니다. 이 책에서 밸류체인을 나눠서 본 이유도 여기에 있습니다. 모든 관련 기업을 사기 위해서가 아니라, 무엇을 사지 말아야 하는지 구분하기 위해서입니다.

테마성 투자의 함정, 이름만으로 급등하는 로봇주

피지컬 AI 산업의 미래를 안다고 해서 돈을 버는 것은 아닙니다. 테마성 투자는 급격한 변동성에 올라타 돈을 빌 수 있을 것 같은 느낌이 들게 합니다. 사람들은 "이 산업이 언젠가 커질 것"이라는 확신이 생기는 순간 종목부터 찾기 시작합니다.

휴림로봇은 한국의 로봇 테마주 중에서 뜨거운 주식 중 하나입니다. 대표적인 로봇 테마주로 묶이며 각종 정책 발표나 산업 이벤트 때마다 크게 움직여 왔습니다. 2026년 1월 초 8,000원 수준이던 주가는 며칠 만에 3배로 올랐습니다. 그러나 최고점에서 절반으로 떨어지는 데도 하루면 충분했습니다. 엄청난 변동성입니다.

문제는 이런 주가 반응이 실적의 개선과 무관하게 움직였다는 점입니다. 휴림로봇의 제조업용 로봇 매출은 몇 년째 감소세이며, 신사업으로 추진하는 서비스로봇의 매출은 굉장히 미미합니다. 수년간 적자를 벗어나지 못하고 있는데, 2025년에도 40억 원 이상의 적자를 기록했습니다.

[2026년 1월 휴림로봇 일봉 차트]

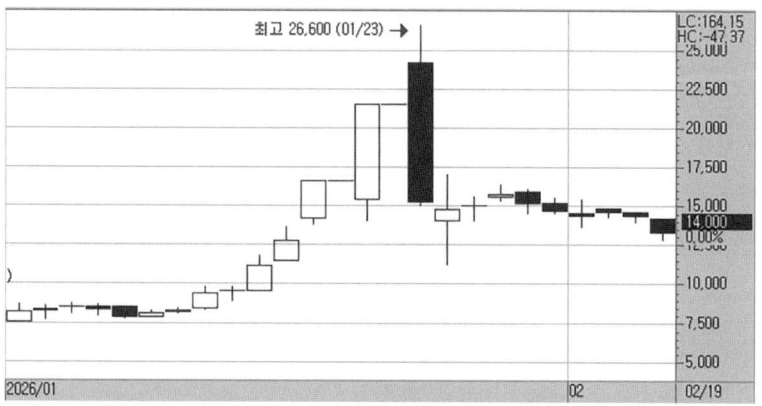

테마주가 위험한 이유는 기대가 실적보다 먼저 달릴 수밖에 없기 때문입니다. 아직 매출이 적고 이익이 나지 않아서 실적을 예상조차 할 수 없는 기업인데도, 커질 시장이라는 이유만으로 높은 밸류에이션을 받습니다. 높은 PER은 단순히 비싸다는 뜻이 아니라, 앞으로 몇 년 동안의 빠른 매출 성장과 이익 개선이 이미 주가에 선반영되어 있다는 뜻으로 읽어야 합니다. 그 실적을 증명하지 못하면 매출과 이익이 늘면서 PER가 정상화되는 것이 아니라 가격만 내려가면서 기대가 실망으로 바뀌고 PER까지 끌어 내립니다.

국내 휴머노이드 ETF 열풍은 어떨까요? TIGER 코리아휴머노이드로봇산업 ETF는 상장 당일 15분 만에 초기 물량이 소진됐고, 2026년 3월 기준 시가총액이 5,000억 원을 넘길 정도로 인기 있는 투자 상품입니다.

구성 종목과 리스크를 정확히 이해하고 있다면 괜찮습니다. 하지만 ETF를 활용해 로봇 산업에 안전하게 투자하겠다고 생각한다면 큰 착각입니다. 사업성을 매번 증명해야 하는 기업들이 가진 위험까지 한 바구니에 함께 담아 둔 상품이기 때문입니다. 보유 종목을 보면 대부분 적자인 소형주로 구성되어 있고, 밸류에이션도 실적 대비 상당히 높습니다. 상위 10개 종목으로 좁혀도 2025년 적자를 기록한 기업이 절반입니다.

[2026년 1~3월 TIGER 코리아휴머노이드로봇산업 ETF 일봉 차트]

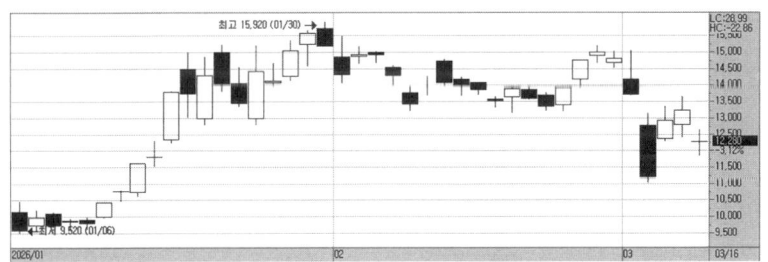

이런 구조는 테마형 상품에서 늘 반복되는 문제입니다. *Review of Financial Studies(2023)*에 실린 「Competition for Attention in the ETF Space」라는 논문에 따르면, 특정 섹터에 특화된 ETF는 출시 초기 이미 비싸진 종목을 담는 경향이 있다고 합니다. 그 결과 테마 ETF는 출시 후 첫 5년 동안, 비슷한 수준의 위험을 감수한 다른 투자에 비해 수익률이 약 30% 뒤처진 것으로 나타났습니다.

그렇다면 테마성 투자가 실적이 증명되지 않는 소형주만의 문제일까요? 실체가 있고 실적이 탄탄한 대형주에는 또 다른 함정이 기다리고 있습니다. CES 직후인 2026년 1월 7일, 투자자들은 현대차 주가를 장중 14.9% 끌어올렸습니다. 같은 날 코스피 상승률의 10배가 넘습니다.

흥미로운 점은, 당시 시장이 휴머노이드인 아틀라스 공개만 생각한 것이 아니라 엔비디아와의 더 깊은 협력 가능성까지 가격에 얹었다는 점입니다. 기업의 방향성이 하루 만에 바뀐 것도 아닌데, 확인된 사실 하나에 크고 작은 호재성 이슈 둘, 셋을 겹쳐서 투자자를 현혹합니다. 이제야 제대로 된 가치를 부여받는다고 해석할 수도 있지만, 꾸준한 상승이 아닌 단기간의 급등은 언제나 그에 상응하는 위험을 내포하고 있습니다.

[2026년 1~3월 현대차 일봉 차트]

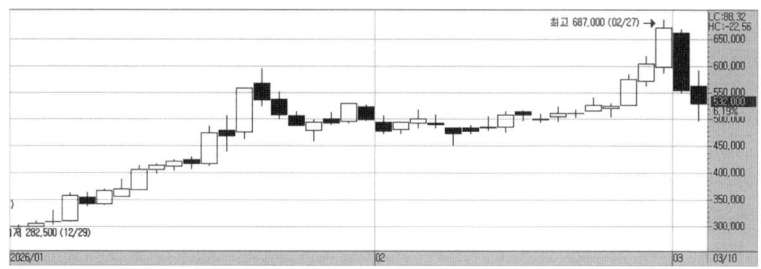

이런 장면은 낯설지 않습니다. 인터넷 혁명 때도 닷컴이 붙기만 하면 기업가치가 급등했던 시기가 있으니까요. 닷컴버블을 복기해보면 장기적으로 산업이 성장하더라도, 아무리 검증된 기업에 투자하더라도 비싼 수업료를 내야 할 수 있음을 깨닫게 됩니다.

실제로 거품의 정점이던 1999~2000년, 미국 IPO 856개 가운데 78%는 상장 전 이익을 내지 못한 적자 기업이었습니다. 같은 시기 상장한 인터넷 관련 기업 356개를 추적한 연구에서는 2005년 3월까지 거의 3분의 2가 나스닥에서 퇴출됐습니다. 나스닥이 2002년 10월 바닥을 찍을 무렵에는 상장된 닷컴 기업의 대부분이 이미 실패한 뒤였습니다. 산업의 방향은 맞았어도, 그 시기에 시장의 관심을 받던 기업이 모두 살아남은 것은 아니었습니다.

그에 비하면 한때 시총 1위를 기록한 시스코에 투자했어야 한다고 생각할 수 있습니다. 시스코가 인터넷 장비를 통해 세상을 바꾸는 데 크게 이바지한 것은 사실입니다. 그러나 시스코는 닷컴버블 당시의 고점을 다시 넘는데 25년 8개월이 걸렸습니다.

당시 북미 최대의 통신장비 업체였던 노텔의 사례는 더 극단적입니다. 노텔은 한때 캐나다 증시의 3분의 1 이상을 차지했을 만큼 압도적인 기업이었습니다. 그런 회사도 버블의 정점에서는 안전하지 않았습니다. 닷컴버블이 터지면서 통신 설비 매출의 하락과 함께 무리했던 대형 인수가 손실로 돌아왔습니다. 거기에 회계 부정까지 드러나면서 장기간 쇠락의 길을 걷다가 2013년에 역사 속으로 사라졌습니다.

밸류체인 안으로 들어가면 문제는 더 복잡해집니다. 태양광은 지난 20년간 폭발적으로 성장한 산업이지만, 제조 밸류체인에서는 공급과잉과 가격 경쟁으로 수익성이 크게 나빠졌습니다. 중국은 전 세계 태양광 모듈 생산능력의 약 80%를 차지하는 동안 중국산 패널 가격은 절반 가까이 하락했습니다. 2023년 말 중국의 연간 모듈 생산능력은 861GW였지만, 같은 해 전 세계 태양광 설치량은 390GW에 그쳤습니다. 수요보다 공급이 두 배 이상 큰 시장에서는 산업이 커져도 제조사에 이익이 남기 어렵습니다.

로봇산업도 다르지 않습니다. 핵심 부품처럼 보이는 영역이라도 표준화가 빨라지고 공급이 많아지면, 산업의 성장과 기업의 수익성은 다른 방향으로 갈 수 있습니다. 이미 일부 로봇 부품은 저가 시장으로 바뀌기 시작했습니다. 서보모터나 드라이버 같은 구동 부품은 중국산 제품의 가격이 기존 부품의 10분의 1도 안 되는 경우도 있습니다.

시류에 맞는 산업을 사는 것만으로는 부족합니다. 맞는 가격에, 맞는 기업을 사야 합니다. 그런데 같은 로봇주라 해도 기업마다 처한 상황이 전혀 다릅니다. 아직 꿈을 파는 기업, 매출이 막 붙기 시작한 기업, 이미 돈을 벌면서 새로운 사업을 얹는 기업은 봐야 할 숫자부터 다릅니다. 모든 로봇주를 같은 잣대로 평가하면 오히려 놓치는 것이 많아집니다.

같은 로봇주여도
잣대는 다르다

"Price is what you pay, value is what you get(가격은 지불하는 것이고, 가치는 얻는 것이다)."

가치투자의 창시자로 알려진 벤저민 그레이엄은 시장이 단기적으로는 투표 기계처럼 움직이지만, 장기적으로는 저울이 된다고 했습니다. 워런 버핏도 그가 지적한 투자 격언을 늘 되새겼다고 합니다. 투자계의 구루인 하워드 막스도 좋은 투자는 좋은 것을 사는 데서 오는 것이 아니라, 가격과 가치의 관계를 제대로 보는 데서 온다고 강조해 왔습니다.

로봇주를 볼 때도 근본적인 질문은 단순해야 합니다. 이 기업은 실제로 돈을 벌 수 있는가. 그 돈은 계속 늘어날 수 있는가. 그리고 그 자리를 다른 기업이 쉽게 빼앗아 갈 수 없는가. 피터 린치의 표현을 빌리자면, 내가 가진 것이 무엇인지부터 알아야 합니다. 내가 무엇을 가졌는지 모른 채 테마만 따라가면, 산업의 미래가 아니라 군중의 흥분에 투자하게 됩니다.

문제는 같은 로봇주처럼 보이지만, 기업마다 처한 상황은 제각각이라는 점입니다. 주식회사의 본질은 기업활동을 통해 이익을 내고, 그 이익을 주주에게 돌려주는 데 있습니다. 배당률이 높은 기업은 이 구조가 이미 완성된 기업입니다. 반면 성장 가능성이 큰 기업은 지금 배당 대신 이익을 재투자합니다. 최대한 빨리, 많이 성장해서 나중에 더 큰 수익을 돌려주겠다는 약속인 셈입니다. 어느 단계에 있느냐에 따라 투자자가 확인해야 할 숫자, 던져야 할 질문, 감수해야 할 리스크가 모두 달라집니다.

Part 03에서 산업의 성장을 S커브로 설명했습니다. 여기서는 그 프레임을 기업 단위로 적용해 보겠습니다. 중요한 전제가 하나 있는데, 기업은 보통 하나의 사업만 하지 않습니다. 하나의 회사라도 성숙기에 접어든 캐시카우 사업과 이제 막 열리기 시작한 신사업이 공존할 수 있고, 그 조합이 기업의 리스크 구조를 결정합니다. PER가 똑같이 100배인 2개의 기업이 있더라도 캐시카우가 있는 기업과 없는 기업은 전혀 다르게 바라봐야 합니다.

아직 꿈을 파는 기업,
되느냐 안 되느냐가 전부인 단계

S커브의 시작 전이거나 초입에 있는 기업의 재무 구조를 보면, 매출이 낮고, 이익은 나지 않습니다. 적정가치를 평가하는 것 자체가 어렵습니다. PER는 무의미하고, PBR이나 PSR도 기준이 되기 어렵습니다. 가치평가의 근거가 현재가 아니라 미래이기 때문에, 같은 기업을 보고도 사람마다 판단이 완전히 다릅니다. 그래서 주가 변동 폭이 극단적으로 큽니다. 급등했다가 폭락하는 일이 반복됩니다.

이 단계에서 투자자가 볼 수 있는 것은 제한적입니다. 시장의 크기가 충분한지, 기술이 실현 가능한지, 팀이 그것을 해낼 수 있는지, 자금 조달 능력이 있는지, 시제품이 고객을 설레게 하는지. 말 그대로 꿈의 크기를 사는 단계입니다. 전문가나 내부자가 아니면 제대로 알기 어렵습니다.

이런 기업에 투자한다면 방향을 분명히 해야 합니다. 그 시장이 매우 크고 해당 기업이 그 안에서 압도적 지위를 차지할 것으로 본다면, 사업이 실현될 때까지 10년, 20년 이상 보유하는 초장기 관점이 필요합니다. 중간에 주가를 보는 것은 의미가 없습니다. 그 사업이 되는지 안 되는지만 판단하면 됩니다. 0 아니면 1의 게임입니다.

반대로, 시장은 성장하겠지만 천장이 보이고, 경쟁이 치열해질 것으로 예상된다면 접근법이 달라져야 합니다. 이 때는 싸게 사서 비싸게 파는 가치투자보다는, 상승추세가 시작될 때 사서 추세가 꺾이면 파는 모멘텀 방식의 투자가 더 적합합니다.

많은 개인투자자가 이 두 가지를 혼동합니다. 큰 꿈을 가진 기업에 투자하면서 수익률과 무관하게 10년 이상 장기적으로 투자할 정도의 확신은 없습니다. 상승추세의 끝물에 못 참고 올라타거나, 모멘텀이 꺾이기 시작할 때 매수 기회를 준다고 착각합니다. 모멘텀 투자로 시작해 놓고 팔지도 못합니다. '언젠가는 오를 거야'라는 믿음을 만들면서 하락 추세에 올라탄 줄도 모르고 있습니다.

대부분의 로봇 소형주가 이 단계에 있음을 고려하면, 테마 상승장을 쫓아 투자하는 것은 너무 위험합니다. 가능성 있어 보이는 기업을 찾아서 관심 리스트에 두었다가, 시장에 공포가 가득할 때 담을 준비를 하는 편이 더 안전하고 좋은 방법입니다. 기업을 제대로 판단한다면 기회는 반드시 옵니다.

1단계 매출 발생 초기, 성장 속도 검증 구간

시장이 열리기 시작하고 매출이 눈에 띄게 늘기 시작하는 구간입니다. 하지만 이익은 아직 미미한 경우가 많습니다. 고객을 확보하고 시장을 선점하기 위해 마진을 양보하거나, 연구개발과 설비에 공격적으로 투자하기 때문입니다.

이때 중요한 것은 매출 성장률, PSR, 고객 수, 수주 잔고입니다. 얼마나 빨리 커져서 규모의 경제를 이루고, 경쟁사보다 많은 고객을 확보하여 충성 고객으로 전환하느냐가 핵심입니다. 적자 자체보다 적자의 구조가 더 중요합니다. 매출이 늘면 어느 순간에 손실이 줄어드는 기업인지, 아니면 아무리 많이 팔아도 이익을 남기기 어려운 구조인지를 알아야 합니다.

기업 가치 평가의 대가인 애스워드 다모다란 교수가 강조했듯이, 가치 창출의 핵심은 성장 그 자체가 아니라 초과수익을 동반한 성장입니다. 그의 표현대로 성장은 절대로 공짜가 아닙니다. 높은 성장률은 더 큰 재투자와 더 높은 리스크를 뜻합니다. 초과수익이 없는 성장은 오히려 기업이 그동안 확보해 온 가치마저 파괴할 수 있습니다.

이 단계의 기업을 볼 때 특히 주의해야 할 점은 고객의존도입니다. 부품기업의 경우 고객이 소수의 대형 완성품 업체에 집중되는 경우가 많습니다. 계약 하나가 흔들리면 실적 전체가 흔들릴 수 있습니다. 섣부르게 판가를 높이면 고객은 다른 기술을 채택하거나 역량을 내재화하려고 시도합니다. 게다가 시장이 출렁이면 그 타격은 부품사가 가장 먼저 받습니다. 전기차 캐즘이 장기화되자 완성차보다 배터리 기업들이 더 깊은 어려움을 겪은 것이 대표적인 사례입니다.

2단계 흑자 전환 국면, 수익성 입증 단계

이 구간부터는 단순한 성장만으로는 부족합니다. 시장이 충분히 성숙하기 시작하면 투자자는 이 사업이 정말 돈이 되는지 묻기 시작합니다. 적자 축소 속도, 흑자 전환 시점, 현금흐름 개선이 핵심 지표가 됩니다. 밸류에이션도 PSR 중심에서 PER이 의미를 갖기 시작하는 전환 구간입니다.

적자에서 흑자로 전환하는 기업을 '턴어라운드'한다고 부릅니다. 이런 기업의 주가가 크게 뛰는 경우가 많은데, 이유는 분모의 변화 때문입니다. PER은 주가를 주당순이익으로 나눈 값입니다. 적자일 때는 PER 자체가 성립하지 않았다가, 흑자로 돌아서는 순간 비로소 이익 기반의 밸류에이션이 가능해집니다. 시장이 기업의 사업성을 확인하는 순간 가격은 재평가됩니다. 테슬라가 2020년에 흑자로 전환하면서 이익 개선을 보여주었고, 그에 따라 주가도 폭발적으로 상승했습니다.

하지만 여기서 조심해야 할 것이 있습니다. 흑자전환은 시작이지 끝이 아닙니다. 한두 분기 흑자를 냈다고 해서 구조적으로 이익이 나는 기업이 된 것은 아닙니다. 중요한 것은 매출이 늘어날수록 영업이익률이 함께 개선되는 구조인지입니다. 매출이 두 배 늘어도 비용이 같이 두 배 느는 사업이라면, 흑자전환의 의미는 제한적입니다.

의료로봇 전문기업인 큐렉소는 2025년에 흑자전환에 성공하면서 수익 구조를 증명해야 하는 구간에 들어선 대표적인 사례입니다. 아직은 PER이 200배로 매우 높은 편이지만, 이익의 성장이 가시화된다면 PER가 합리적인 수준으로 내려오면서 꾸준히 성장하는 그래프를 그릴 수 있습니다.

3단계 S커브 확장기, 기존 사업 체력 점검

기업은 보통 하나의 사업만 하지 않습니다. 그리고 투자에서 가장 흥미로운 순간은, 이미 돈을 버는 기업이 새로운 성장 동력을 키울 때입니다. 캐시카우 사업이 있는 기업이 신사업을 시작하는 것과, 신사업이 전부인 기업이 투자자의 돈에 의존하는 것은 완전히 다릅니다.

기업이 성장하려면 자금이 필요합니다. 자금을 조달하는 방법은 세 가지입니다. 직접 돈을 벌거나, 빌리거나, 투자를 받는 것입니다. 캐시카우가 있는 기업은 직접 번 돈을 재투자할 수 있고, 안정적인 현금흐름이 있으니 돈을 빌리기도 수월합니다. 하지만 스토리만 있는 기업은 외부 투자에 의존할 수밖에 없고, 시장 심리가 바뀌는 순간 자금줄이 막힐 수 있습니다. 탄탄한 기존 사업의 체력이 있는 기업은 경쟁에서도 우위를 차지합니다.

엔비디아가 기존 사업의 체력을 바탕으로 신사업에 성공한 대표적인 기업입니다. 게이밍 GPU 시장에서 기술력과 현금흐름을 구축한 상태에서, AI 반도체라는 새로운 S커브가 열렸습니다. 준비된 기술이 폭발적으로 성장하는 시장을 만난 것입니다. AI 데이터센터 반도체는 엔비디아의 주력 사업이 되었고, 엔비디아는 시가 총액 1위 기업이 되었습니다.

테슬라도 같은 구조로 읽을 수 있습니다. 전기차 사업의 매출 성장이 둔화했음에도 높은 PER이 인정받는 이유가 있습니다. 자율주행, 휴머노이드처럼 새로운 사업 가능성이 새로운 미래의 스토리를 만들어주기 때문입니다. 테슬라처럼 파괴적 혁신을 준비하는 기업은 기존 사업의 PER로 평가하는 것이 불가능할 때가 있습니다. 시장은 현재의 이익이 아니라, 새로운 사업이 만들어낼 생태계의 크기를 가격에 반영합니다. 테슬라의 도전은 0 아니면 1의 게임에 가깝지만, 기존 사업이 버텨주는 동안 시도할 수 있는 횟수는 스타트업과는 분명한 차이가 있습니다.

이 관점에서 오픈AI의 챗GPT, 구글의 제미나이, 앤트로픽의 클로드가 벌이는 경쟁이 어떻게 흘러가는지 보는 것은 상당히 흥미롭습니다. 생성형AI 시장은 챗GPT가 열었고, 클로드는 일하는 AI로의 포지셔닝에 성공하면서 주도권을 잡았지만 이 판도는 언제든 뒤바뀔 수 있습니다. 외부 자금에 의존해야 하는 오픈AI나 앤트로픽과는 달리, 구글이 자체적으로 보유한 기초체력은 막강한 경쟁력입니다. 2026년 1월까지 제미나이의 승리를 점치는 전문가들이 압도적으로 많았던 배경이 아니었을까 생각합니다.

한국에서는 두 기업의 행보가 흥미롭습니다. 삼성전자는 포트폴리오가 탄탄한 기업입니다. 스마트폰, PC, 가전 같은 B2C사업부터, 의료기기, 통신장비, 반도체 같은 B2B사업까지. 여러 사업이 안정적으로 돌아가는 동시에 피지컬 AI산업에서 새로운 동력도 찾고 있습니다. 레인보우로보틱스에 투자한 것도 그 연장선입니다. 레인보우로보틱스의 휴머노이드 기술이 삼성전자의 B2C 유통망과 만나면 제조 현장의 B2B뿐 아니라 B2C까지 확장되는 스토리를 만들 수 있습니다. 이 스토리가 현실이 된다면, 삼성전자보다 레인보우로보틱스의 수익률이 더 클 수 있지만, 혹시나 이 실험이 실패하더라도 삼성전자의 본업은 흔들리지 않습니다.

현대차그룹은 보스턴다이내믹스라는 세계적 수준의 로봇 기업의 지분 대부분을 확보했습니다. 자동차 공장이라는 대규모 수요처와 수직계열화된 부품 역량까지 갖추고 있습니다. 하지만 시장은 현대차에 자동차 기업의 밸류에이션을 적용하고 있습니다. 테슬라와 비교하면 격차가 큽니다. 테슬라가 직접 휴머노이드를 생산하는 것과 달리, 보스턴다이내믹스의 소유 구조는 정의선 회장 개인과 계열사가 나눠 갖고 있어 단순하지 않습니다. 시장이 현대차에 로봇 프리미엄을 크게 주지 않는 이유는, 보스턴다이내믹스의 가치가 현대차 주주에게 직접 귀속되는 구조가 아니고, 아직 자동차 본업의 이익을 바꿀 만큼 실적으로 증명되지도 않았기 때문입니다.

4단계 성숙 기업의 AI 진입, 신성장 동력 검증

많은 글로벌 기업이 피지컬 AI를 언급하는 시대입니다. 하지만 언급한다고 해서 모두 피지컬 AI 기업이 되는 것은 아닙니다.

애플은 기술 기업에서 성숙기 기업으로 안착한 대표적인 사례입니다. 기술주에는 투자하지 않는다고 알려진 워런 버핏이 애플에 투자한 이유도 여기에 있습니다. 스티브 잡스가 Mac, 아이 팟, 아이폰, 아이패드와 생태계를 구축하며 새로운 S커브를 만들어 왔다면, 팀 쿡은 그 생태계를 효과적으로 운영하면서 그 안에서 안정적인 고수익을 만들고 주주들에게 가치를 돌려주는 구조를 만들었습니다.

훌륭한 기업이지만 피지컬 AI에서는 아직 간헐적인 소식만 들릴 뿐, 구체적인 청사진을 발표한 적이 없습니다. 수년 전 애플카로 투자자의 관심을 끌었을 때도 공식적으로 발표를 한 적은 없었습니다. 지금은 관련 투자를 모두 접은 것으로 알려져 있죠. 새로운 동력을 공식적으로 제시하기 전까지, 애플을 피지컬 AI 기업으로 분류하는 것은 무리가 있습니다.

성숙기 기업의 피지컬 AI 언급이나 뉴스를 볼 때는 두 가지를 구분해야 합니다. 실제로 조직과 자본을 투입하고 있는지, 아니면 시장의 관심을 의식한 언급에 그치는지. 그리고 설령 진심이라 해도, 그 기업이 피지컬 AI를 잘 해낼수 있다고 평가받는지. 현재 밸류에이션에 신규 사입의 프리미엄이 얼마나 반영되어 있는지를 살피면서 소문에 휘둘려 과도한 기대를 하지는 않아야 합니다.

밸류체인을 나눠서 본 진짜 이유
피지컬 AI의 밸류체인을 부품, 소프트웨어, 완성품으로 나눠서 본 것은 모든 관련 기업을 사기 위해서가 아닙니다. 무엇을 사지 말아야 하는지 구분하기 위해서입니다.

테마가 커질수록 관련 기업은 많아집니다. 하지만 장기적으로 승자가 되는 기업은 많지 않습니다. 밸류체인을 이해해야 기술 장벽이 높은 영역과 낮은 영역, 표준을 쥔 기업과 대체할 수 있는 기업, 구조적으로 이익을 가져가는 구간과 경쟁 심화로 수익성이 무너지는 구간을 구분할 수 있습니다.

예를 들어, 액추에이터는 휴머노이드의 핵심 부품이지만, 액추에이터 생산 업체가 가장 좋은 투자처가 되는 것은 별개의 문제입니다. 완성품 기업이 핵심 부품을 직접 설계하고, 구성품을 분해해서 여러 업체에 분산 발주하는 흐름이 이미 나타나고 있습니다. 이 추세를 알면 '로봇 산업이 성장하는데 왜 부품사 주가는 안 오르지?'라는 질문에 답할 수 있습니다. 산업의 성장과 주가의 방향이 언제나 같지는 않습니다.

반대의 경우도 있습니다. 어떤 부품은 완성품 기업이 내재화하지 않고 계속 외부에 의존하게 될 가능성이 높습니다. 정밀도와 안전 인증이 까다롭거나, 양산 경험의 축적이 오래 걸리거나, 여러 완성품 업체가 공통으로 쓰는 표준 부품이라면 전환 비용이 더 듭니다. 이런 영역에 자리 잡은 기업은 산업이 커질수록 구조적으로 유리해집니다.

같은 밸류체인 안에서도 위치에 따라 이익의 방향이 갈립니다. 누가 고객이고, 누가 가격 결정권을 갖고, 그 관계가 쉽게 바뀔 수 있는지. 점유율 자체보다 공급망 안에서의 협상력이 투자자가 봐야 할 핵심입니다.

시장을 이기는 초과수익은 테마를 빨리 발견한다고 자동으로 생기지 않습니다. 하워드 막스의 표현대로, 평균보다 나은 성과를 원한다면 생각도 평균과 달라야 하고, 그 생각이 더 나아야 합니다. 피지컬 AI 투자에서 다르게 생각한다는 것은, '로봇이 뜬다'에서 멈추지 않는 것입니다. 어떤 기업이 어떤 단계에 있는지, 그 기업이 밸류체인의 어디에 서 있는지, 그리고 지금 가격이 그 위치에 비해 적정한지를 묻는 것입니다.

이 장에서 설명한 관점이 모든 종목을 걸러주지는 않습니다. 하지만 최소한, 이름만 보고 사는 실수는 줄여줄 수 있습니다. 로봇 산업의 밝은 미래가 내 계좌도 따뜻하게 해주려면, 테마의 불꽃과 수익의 온기는 구분할 줄 알아야 합니다.

Chapter 13

내 포트폴리오는
어떻게 달라져야 하는가

지금까지 우리는 피지컬 AI 산업이 어떤 구조로 되어 있는지, 어떤 순서로 성장할 것인지, 그리고 그 안에서 어떤 기업이 함정이고 어떤 기업이 진짜인지 구분하는 방법을 살펴봤습니다. 이제 남은 질문은 하나입니다. 그래서, 내 돈을 어떻게 배치할 것인가.

산업을 아는 것과 투자를 실행하는 것은 다른 일입니다. 유망한 기업을 골라냈더라도, 그 기업에 전 재산을 넣으면 한순간에 무너질 수 있습니다. 반대로 조심하느라 아무것도 사지 않으면 기회는 지나갑니다. 투자의 핵심은 종목 선택이 아니라 배치입니다. 무엇을, 얼마나, 어디에 두느냐가 결과를 결정합니다.

코어-위성 전략으로
포트폴리오 중심 잡기

피지컬 AI 산업에는 플레이어가 정말 많습니다. 이 책에 다룬 기업만 해도 백 개가 넘고, 실제로는 훨씬 많은 기업이 포진해 있습니다. 이쯤 읽은 독자라면 이런 생각이 들 수 있습니다. '어차피 최종 승자를 모르겠으니, 관련 기업을 최대한 많이 담으면 되지 않을까? 분산하면 되지 않을까?'

하지만 관련 기업을 무작정 많이 담는 것은 좋은 방법이 아닙니다. 마트에서 라면, 국수, 냉면, 파스타면, 쫄면을 카트에 담으면서 '다섯 종류나 골랐으니 다양하게 산 거지'라고 말하는 것과 같습니다. 종류는 다섯 가지지만 전부 면 종류입니다. 건강한 식단과는 거리가 멀죠. 장바구니는 알록달록해졌을지 몰라도, 식단의 균형이 좋아진 것은 아닙니다.

투자도 마찬가지입니다. 종목 수가 늘어난다고 해서 분산이 되는 것은 아닙니다. 몇 종목을 샀느냐가 아니라, 노출된 위험의 종류로 판단해야 합니다. 피지컬 AI는 유망한 산업이지만, 이 산업에만 투자하는 것은 건강한 투자 방법이 아닙니다.

실제로 예상할 수 있는 많은 위험 요소가 있습니다. 미국 금리가 다시 오르면, 아직 이익을 내지 못하는 성장 기업들은 자금을 조달하기 어려워지고, 밸류에이션이 일제히 꺾입니다. 세계 경제가 둔화해 피지컬AI에 대한 투자와 수요가 늦어질지도 모릅니다. 동아시아에 긴장이 고조되면 반도체와 핵심 부품 공급망 전체가 흔들리고, 자율주행차나 산업용 로봇에서 대형 사고가 한 건만 터져도 각국 정부의 규제 시계는 단숨에 빨라집니다. 예를 들면 2018년 3월 18일 우버의 자율주행 시험 차량이 보행자를 치어 숨지게 한 사고 이후, 업계 전반에 안전성과 규제 문제가 크게 부각되면서 시험주행 허가가 위축된 적이 있습니다.

로봇 완성품이든, AI 반도체든, 센서든, 감속기든 예외는 없습니다. 사업 방식이나 시장에서의 지위는 달라도 동일한 투자 사이클에서 같은 미래에 대한 기대감 위에 놓여 있다는 점은 다르지 않습니다. 부정적인 시나리오 중 어느 하나만 현실이 될 것처럼 보여도, 피지컬 AI 관련주는 흔들릴 수 있습니다. 종목을 아무리 다양하게 나눠 담았더라도 내 계좌 전체가 같은 방향으로 무너질 수 있는 겁니다.

이런 위험에 대비하기 위해 추천하는 투자 방법은 안전한 포트폴리오를 먼저 구성하는 것입니다. 건강한 식단을 차리려면 라면 다섯 개가 아니라, 밥도 있고 고기도 있고 채소도 있어야 합니다. 투자에서는 주식, 채권, 금, 원자재처럼 성격이 다른 자산으로 포트폴리오의 중심을 잡는 겁니다. 평소에는 밥과 반찬으로 구성된 건강한 식단을 유지하다가 가끔 라면을 먹는 것과 날마다 라면만 먹는 것은 전혀 다릅니다.

산업의 격변기일수록, 각 자산의 변동성이 커질수록 건강한 포트폴리오의 중요성은 더 커집니다. 위험자산, 안전자산 가리지 않고 급등하고 급락하는 일이 잦아지고 있습니다. 중심이 잡혀 있으면 피지컬 AI처럼 변동성이 크지만, 성장 가능성이 큰 테마에도 일정 비중을 배분할 여유가 생깁니다.

안정성과 도전, 두 가지를 다 잡기 위해 제가 제안하는 전략은 코어-위성 전략입니다. 현대 포트폴리오 이론은 서로 같이 움직이지 않는 자산을 조합해 위험 대비 효율을 높이려는 발상에서 출발했습니다.

코어-위성 전략은 이 이론의 분산 원칙 위에 기관투자가 실무에서 발전해 온 운용 프레임워크로, 개인투자자도 실전에서 쓰기 쉬운 방식입니다. 코어는 포트폴리오의 중심에 오래 둘 자산이고, 위성은 더 작고 더 공격적으로 가져가는 자산입니다. 정해진 비율이 있는 것은 아니지만, 일반적으로 코어를 크게, 위성을 작게 둡니다. 자주 쓰이는 비율은 코어 80%, 위성 20%인데, 언제나 정확히 80과 20으로 나뉜다는 뜻은 아닙니다.

코어 자산에는 내 계좌를 버티게 해줄 것들을 둡니다. 넓게 분산된 주식, 채권, 현금성 자산, 금처럼 포트폴리오의 중심을 잡아주는 자산입니다. 핵심은 화려한 수익률을 거두는 것이 아니라 어떤 시장에서도 생존하는 것입니다. 크게 신경 쓰지 않아도 장기적으로 보유할 수 있어야 하고, 시장이 흔들려도 내 원칙을 유지해야 합니다.

코어 자산에 포함될 주식은 이익을 내면서도 지속적으로 성장하는 기업이 되어야 합니다. 미래보다는 지금 사업이 탄탄하고, 워런 버핏이 말하는 '가치를 알 수 있는 기업'이 중심이 되어야 합니다. S&P500처럼 넓게 분산된 주식 지수를 추종하는 ETF에 투자하는 것도 좋은 방법입니다.

위성 자산은 가능성에 투자합니다. 아직 적자이지만 산업의 방향을 바꿀 수 있는 기업, 밸류에이션은 높지만, 시장의 초기 승자가 될 수 있는 기업, 혹은 피지컬 AI처럼 구조적 성장이 기대되는 테마가 대표적입니다. 이 책에서 피지컬AI의 밸류체인을 살펴본 이유도 위성 자산을 찾기 위해서입니다.

그런데 위성 자산이라고 닥치는 대로 담을 일은 아닙니다. 성과는 종종 소수에 집중되는 경향이 있습니다. 피지컬 AI 관련 종목을 수십 개 담는다고 수익 기회가 고르게 분산되는 것은 아닙니다. 오히려 장기적으로 큰 성과는 아직 검증되지 않은 소수의 승자에게 집중될 가능성이 높습니다. 그렇기에 위성은 충분히 검토하고, 감당할 수 있는 범위 안에서 소수 정예로 가져가야 합니다.

저는 위성 자산에서 마음 편히 새로운 시도하기 위해 코어 자산의 포트폴리오를 유지하려고 노력합니다. 위성 자산에만 투자하는 것은 현재는 버리고 미래에만 베팅하는 선택입니다. 상대방의 '나는 부자가 될 비전이 있다'라는 말만 듣고 결혼할 사람이 있을까요? 통장에 백만 원밖에 없을지라도, 그 비전을 실현할 능력이 있는지, 삶을 대하는 태도가 진지한지, 주변에 그 비전을 믿고 응원해 줄 사람이 있는지를 먼저 봐야 하지 않겠습니까? 기업도 그 비전을 실현할 기술, 자본, 고객, 실행력이 있는지를 함께 봐야 합니다. 좋은 위성 자산 투자는 꿈에만 베팅하는 것이 아니라, 현실이 될 가능성이 높은 미래에 올라타는 것이어야 합니다.

코어 위성 포트폴리오 예시

총 투자금이 1억 원이라고 가정하겠습니다.

- 코어 (80%, 8,000만 원)

  코어는 시장 전체에 넓게 분산하고, 상관성이 낮은 3가지 자산으로 배분합니다. 미국의 주가지수인 S&P500을 추종하는 ETF(IVV, VOO) 40%, 미국 종합 채권 ETF(BND) 20%, 금 ETF(IAU) 20%로 구성합니다. S&P500이 장기 성장의 엔진 역할을 하고, 채권이 주식 하락기에 완충을, 금이 인플레이션과 지정학적 위기에 대한 보험 역할을 합니다. 세 자산이 서로 다른 국면에서 움직이기 때문에 계좌 전체가 한 방향으로 무너지는 위험을 줄여 줍니다.

  조금 더 공격적인 투자자라면 나스닥 100 지수를 추종하는 ETF(QQQ)나 필라델피아 반도체 지수를 추종하는 ETF (SOX)를 중심으로 주식 자산을 구성해도 됩니다. 국가를 분산하고 싶다면 S&P500 중 일부는 선진국 ETF(IEFA)과 신흥국 ETF(IEMG)로 대체하는 방법도 있습니다.

- 위성 (20%, 2,000만 원)

  피지컬 AI 밸류체인에서 직접 검토한 종목 3~5개에 집중합니다. 예를 들어 AI 인프라를 독점적으로 공급하는 반도체 플랫폼 기업, 칩부터 소프트웨어까지 수직계열화한 휴머노이드 기업, 감속기나 센서처럼 대체하기 어려운 병목 부품을 쥔 기업 등을 조합해 볼 수 있습니다. 미국과 동아시아(한국·일본·대만·중국)에 걸쳐 지역을 분산하면 공격적인 투자를 하면서도 공급망 리스크를 줄일 수 있습니다.

투자할 국가를 넓히면 기회도 많아진다

지금까지는 자산 종류를 나누어서 얻는 자산 배분의 필요성을 강조했습니다. 주식, 채권, 금처럼 성격이 다른 자산으로 중심을 잡는 것이 코어-위성 전략의 출발점입니다. 그런데 피지컬 AI시대에 고려해야 할 것이 한 가지 더 있습니다. 바로 국가입니다.

오해하지 마십시오. 위성 종목을 많이 늘리라는 뜻이 아닙니다. 소수의 종목을 고르되, 그 소수가 한 나라에 몰리지 않게 하라는 뜻입니다. 피지컬 AI는 태생적으로 여러 나라에 걸쳐 있는 산업입니다. AI 모델은 미국이 주도하고, 반도체는 한국과 대만에서 만들고, 감속기나 센서 같은 부품은 일본이 쥐고 있습니다. 중국은 거대한 제조 기반과 내수시장을 바탕으로 로봇 생태계를 키우고 있고, 완성품 로봇을 조립하는 공장도 가장 많습니다. 한 나라가 처음부터 끝까지 독점하는 구조가 아니라, 가치사슬이 여러 국가에 나뉘어 있는 산업입니다.

투자 기회도 자연스럽게 여러 나라에 흩어집니다. 그런데 많은 투자자는 여전히 익숙한 시장에만 머무릅니다. 해외투자가 늘어났다고 하지만, 한국과 미국에 편중되어 있습니다. 조금만 나가도 전 세계 요리를 즐길 수 있는데 매일 같은 식당에서 먹어본 메뉴만 시키는 것과 비슷합니다. 피지컬 AI처럼 글로벌 공급망 위에 세워진 산업에 투자하면서 한 나라에만 베팅하는 것은, 퍼즐의 한 조각만 보고 전체 그림을 맞추려는 것입니다.

국가 분산이 중요한 이유는 기회의 문제이기도 하지만, 위험의 문제이기도 합니다. 지금 피지컬 AI 산업의 가장 큰 지정학적 변수는 미국과 중국의 기술 경쟁입니다. 미국은 첨단 반도체와 장비 수출을 통제하고, 중국은 희토류와 핵심 광물, 가격 경쟁력을 중심으로 한 자국의 부품 시장을 무기로 맞대응합니다. 이 경쟁은 단순한 무역 분쟁을 넘어 누가 피지컬 AI 시대의 표준과 공급망을 쥐느냐를 두고 벌이는 패권 다툼입니다.

이 구도에서 어느 한쪽에만 투자하면 위험이 한쪽으로 쏠립니다. 미국 기업에만 투자한 포트폴리오는 중국이 희토류 수출을 제한하거나 자국 로봇 시장을 폐쇄할 때 타격을 받습니다. 반대로 중국 기업에만 투자한 포트폴리오는 미국의 규제 강화 한 방에 흔들립니다. 한국과 일본, 대만 같은 나라도 마찬가지입니다. 공급망의 핵심을 쥐고 있지만 미·중 사이에서 선택을 강요받는 위치에 놓여 있습니다.

자산 종류를 나누는 것이 식단의 균형이라면, 국가를 나누는 것은 식재료의 산지를 다양하게 확보하는 일입니다. 한 지역에 가뭄이 와도 다른 지역의 재료로 식탁을 차릴 수 있어야 하듯, 한 나라의 정책 변화나 지정학적 충격이 와도 투자 기회를 놓치지 말아야 합니다.

피지컬 AI 투자에서 국가 배분을 생각할 때는 크게 세 축을 보면 됩니다. 첫째는 미국입니다. AI 소프트웨어, 반도체 설계에서 압도적 우위를 가지고 있고, 글로벌 자본이 가장 먼저 몰리는 시장입니다. 둘째는 중국입니다. 세계 최대의 제조 기반과 내수 시장을 가지고 있고, 산업용 로봇과 휴머노이드 로봇의 도입 속도가 가장 빠릅니다. 셋째는 한국, 일본, 대만, 유럽으로 대표되는 핵심 부품 공급국입니다. 반도체 파운드리, 메모리 반도체, 감속기, 센서, 배터리처럼 피지컬 AI를 구성하는 부품들이 이 나라들에서 나옵니다.

혹시라도 세 축 중 하나가 무너져도 나머지 두 축이 투자 기회를 놓치지 않게 해줍니다. 미중 갈등이 심화되면 부품 공급국의 대체 수요가 커질 수 있고, 특정 지역의 규제가 강화되면 다른 지역에 기회가 열리기도 합니다. 어느 시나리오에서든 한쪽에 몰려 있지 않다는 것 자체가 방어력이 됩니다.

국가를 나눈다고 해서 위험이 사라지는 것은 아닙니다. 피지컬 AI라는 하나의 테마에 투자하는 이상, 산업 전체가 후퇴하는 시나리오에서는 어느 나라 주식이든 함께 하락할 수 있습니다. 그래서 앞서 말한 코어-위성 전략이 먼저이고, 국가 배분은 위성 자산 안에서의 기회 찾기입니다. 코어로 중심을 잡고, 위성 안에서 국가를 나누는 것. 이 두 가지 방법으로 피지컬 AI 시대에 포트폴리오를 지키고 기회를 더 넓게 찾을 수 있습니다.

병목의 시간, 구조의 시간

미국인들을 충격에 빠뜨렸던 우주왕복선 챌린저호 폭발 사고의 원인 중 하나가 작은 오링 부품의 결함이었다는 사실은 많은 것을 생각하게 합니다. 오링은 내부의 뜨거운 연료 가스가 밖으로 새어 나오지 않도록 막는 고무 재질의 패킹입니다. 고무는 낮은 온도에서 탄성을 잃기 쉬운데, 챌린저호 발사 당일은 영하권일 정도로 추웠죠. 결국 챌린저호는 발사 73초 만에 폭발했습니다.

이렇듯 거대한 산업도 사소해 보이는 부품 하나 때문에 멈출 수 있습니다. 고신뢰 산업일수록 한 번의 사고는 산업 전체를 더 보수적으로 만들고, 더 복잡한 검증과 더 높은 비용을 요구하게 만듭니다. 우주산업이 오랫동안 비싸고 느린 구조에서 벗어나지 못했던 이유도 여기에 있었습니다.

일론 머스크는 이 구조 자체를 문제로 봤습니다. 스페이스X를 창업한 이유는 단순히 로켓을 잘 만들기 위해서가 아니라, 인류가 우주로 나가는 비용 자체를 획기적으로 낮추기 위해서였습니다. 그 과정에서 머스크가 자주 언급한 개념이 이른바 '바보지수(Idiot Index)'입니다. 원재료비 대비 부품 가격이 지나치게 높다면, 그 차이에는 비효율과 낭비, 과도한 공급망 마진이 숨어 있을 가능성이 크다고 본 것입니다.

이 관점은 단순히 부품이 비싸다는 불평에 머무르지 않게 합니다. 지금 당연하게 받아들여지는 가격 구조가 과연 장기적으로도 유지될 수 있는지 묻습니다. 안전이나 실패를 외주화한다고 본질적인 리스크가 사라지는 것도, 부품 가격이 더 싸지는 것도 아닙니다. 머스크는 바보지수가 높은 부품부터 자체 생산을 시작했고, 이 접근이 스페이스X가 민간 우주시대를 여는 데 결정적 역할을 했습니다.

이 시각을 피지컬 AI 산업에 그대로 적용해 봅시다. 휴머노이드 원가에서 가장 큰 비중을 차지하는 액추에이터를 떠올려 보겠습니다. 지금은 기술 난도가 높고 공급이 제한적이기 때문에 높은 가격을 받을 수 있는 부품이 있습니다. 시장 초기에 이 병목을 쥔 기업은 강합니다. 완성품 업체가 반드시 사야 하고, 대체 공급자도 많지 않기 때문입니다. 앞으로 3년을 본다면 이런 병목 부품 기업이 높은 수익성과 강한 협상력을 가질 수 있습니다.

하지만 10년을 보면 이야기가 달라집니다. 시장에 일론 머스크 같은 플레이어가 있으면, 높은 부품 가격을 그대로 유지하기 어렵습니다. 시장이 커지고 생산량이 늘어나면 완성품 업체는 가장 비싸고 가장 중요한 부품부터 가격을 낮추려 합니다. 내재화를 시도하거나, 설계를 바꿔 부품 표준화를 추진하거나, 공급업체 간 경쟁을 붙일 것입니다. 지금은 핵심 기술처럼 보이는 부품도, 시간이 지나면 얼마나 대단한 기술인가 보다 얼마나 싸고 안정적으로 대량 생산할 수 있는가가 더 중요해집니다. 바보지수가 높은 부품일수록, 이 전환은 더 빠르게 일어납니다.

장기적으로 부품 가격은 영원히 높은 기술 프리미엄을 유지하기 어렵습니다. 시장이 성숙할수록 가격은 원재료비, 가공비, 설비투자비, 품질관리비를 반영한 생산비 구조에 수렴합니다. 제품 가격의 바닥은 원자재가 결정합니다. 그 위에 가공 기술, 수율, 자동화 수준, CAPEX 투자 능력, 공급망 통제력이 더해집니다. 그래서 장기 경쟁력은 좋은 부품을 설계하는 능력만으로 결정되지 않습니다. 원자재를 안정적으로 확보하고, 낮은 비용으로 가공하며, 품질을 유지한 채 대량 생산할 수 있는 기업이 더 강해집니다.

반도체 산업이 이 점을 잘 보여줍니다. 마이크로소프트와 함께 인터넷과 컴퓨터 시대를 주름잡던 반도체 강자 인텔의 몰락 뒤에는 제조 역량만 강화해 온 TSMC의 성장이 있습니다. TSMC의 제조력 덕분에 많은 반도체 기업은 설계에만 집중할 수 있었습니다. TSMC는 반도체 수요가 급증할 때 단기 수익을 극대화하는 대신, 막대한 CAPEX를 감수하며 생산능력을 꾸준히 확대해 왔습니다.

반도체 수요의 증가량에 비해 가격이 폭등하지 않았던 것은 TSMC의 지속적인 설비 투자가 있었기 때문입니다. 만약 TSMC가 속도 조절을 했다면 단기 이익률은 더 높아졌겠지만, 완성품 업체들이 직접 반도체를 만들겠다고 나서는 순간이 왔을지도 모릅니다. 만약 그랬다면 지금의 TSMC가 가진 경제적 해자는 무너졌을 것입니다. 피지컬 AI에서도 비슷한 구도가 펼쳐질 것입니다. 어떤 부품은 가격이 빠르게 낮아지고, 어떤 영역은 대규모 투자와 제조 노하우 덕분에 소수 기업 중심으로 지배력이 더 강해집니다.

그래서 우리는 미래를 한 덩어리가 아니라 구분해서 봐야 합니다. 앞으로의 3년은 병목의 시간입니다. 공급이 부족하고, 기술이 제한적이며, 시장의 기대가 특정 부품과 특정 플레이어에 집중됩니다. 그와 함께 다가오고 있는 10년은 구조의 시간입니다. 가격이 내려가고, 표준이 정해지고, 누가 진짜 제조 경쟁력과 자본력, 시스템 통합 능력을 갖추고 있는지가 드러납니다. 초기의 승자가 장기의 승자가 되리란 보장은 없습니다.

피지컬 AI 투자에서 중요한 것은 지금 가장 비싼 부품을 찾는 일이 아닙니다. 시간이 갈수록 어느 영역의 가격은 무너지고, 어느 영역의 지배력은 오히려 강화되는지를 구분하는 눈을 길러가야 합니다. 장기적으로 가장 큰 가치를 가져가는 쪽은 비싼 부품을 파는 기업이 아니라, 가격을 낮추면서도 시장 지배력을 유지하는 기업입니다. 앞으로 3년은 방향성이 정해지는 시간입니다. 하지만 진짜 큰 부는 그 방향성이 실제 산업구조로 굳어지는 10년의 과정에서 만들어집니다. 이 책이 여러분의 단기전이 아닌 장기전을 준비하는 데 도움이 되었으면 좋겠습니다.

에필로그

피지컬 AI로 변하는 세상에서
선택지를 넓히는 투자

솔직한 이야기부터 하겠습니다. 조금 두렵습니다. 회사에서 기획 업무를 하면서, 가끔 이런 생각이 듭니다. 지금 내가 하고 있는 이 일이 3년 뒤에도 사람의 손이 필요할까. 보고서를 쓰고, 데이터를 정리하고, 시나리오를 만들고, 의사결정을 위한 자료를 준비하는 일. 이 과정의 상당 부분을 AI가 이미 할 수 있고, 매달 더 잘하게 되고 있습니다. 이 책에서 다룬 기술들이 바로 나와 동료들의 일자리를 위협할 수 있다는 아이러니를 모르지 않습니다.

투자를 15년 넘게 해왔습니다. 그 사이에 스마트폰이 등장했고, 클라우드가 보편화됐고, 비트코인이 만들어졌고, 생성형 AI가 나왔으며, 이제는 에이전트 AI를 넘어 피지컬 AI가 현실인 시대가 되었습니다. 기술의 변화를 나름 가까이서 지켜봐 왔다고 생각했는데, 지금처럼 빠른 적은 없었습니다. 매일이 다릅니다. 어제 발표된 기술이 오늘 이미 구식이 되고, 한 달 전에 쓴 원고의 수치가 벌써 바뀌어 있습니다. 이 책을 쓰는 동안에도 엔비디아와 협업을 선언하는 기업이 추가되고, 테슬라는 새로운 미래를 구상하며 반도체까지 내재화하겠다는 비전을 공개합니다. 중국에서는 이름도 몰랐던 기업이 휴머노이드 시제품을 들고나와 뛰어난 움직임을 자랑합니다. 쫓기는 느낌이 들었습니다. 투자자로서도, 직장인으로서도, 그리고 이 책을 쓰는 저자로서도요.

그런데 이 책을 쓰면서, 역설적으로 마음이 조금 놓이기도 했습니다. 과거를 다시 들여다봤기 때문입니다. S커브를 설명하기 위해 인터넷의 역사를 다시 찾아봤고, 스마트폰 보급 과정을 연도별로 추적했고, 닷컴 버블 당시의 기사를 읽었습니다. 그때도 사람들은 모든 것이 바뀔 것이라고 말했습니다. 실제로 바뀌었습니다. 하지만 바뀌는 데 걸린 시간은 대부분의 예측보다 길었고, 바뀌는 방향은 예측과 달랐습니다.

변화는 옵니다. 하지만 한꺼번에 오지 않습니다. 하나의 산업이 만들어지기 위해 형성된 복잡한 생태계는 하루아침에 만들어진 것이 아닙니다. 피지컬 AI도 예외가 아닐 겁니다. 이 책에서 다룬 기술들이 실제로 공장과 물류센터와 가정에 자리 잡기까지는 시간이 필요합니다. 그 시간이 우리에게 준비할 여유를 줍니다.

여유가 있으니까 괜찮다고 말하려는 것은 아닙니다. KAIST에서 로보틱스를 연구하던 시절, 머릿속에 그렸던 미래는 꽤 단순했습니다. 기계가 반복적인 일을 대신하고, 사람은 창의적인 일, 하고 싶은 일만 해도 되는 유토피아 같은 세상. 그런 이상만 그리던 제가 기업에서 일하면서 마주한 현실은 그렇게 깔끔하지 않았습니다. 반복적인 일과 창의적인 일이 칼로 자르듯 나뉘지 않고, 지루한 과정 없이는 가치도 만들어지지 않는다는 사실은 기술 신봉자이자 극단적 미래 낙관론자인 제게 현실감을 일깨워 주었습니다.

이유를 알 수 없고, 이해도 되지 않는 일이 매일 같이 일어나는데, 피지컬 AI가 보는 세상, 판단, 행동이 모든 문제를 해결할 것이라고 기대할 수 있을까요? AI가 대체할 수 있는 영역은 분명히 넓어지고 있지만, 그 경계는 우리가 생각하는 것보다 복잡합니다.

피지컬 AI 시대에 인간의 생산성은 아마 이런 방향으로 재정의될 것 같습니다. 얼마나 빨리 만드느냐가 아니라, 무엇을 만들어야 하는지 판단하는 능력. 데이터를 처리하는 속도가 아니라, 어떤 데이터를 봐야 하는지 아는 감각. 로봇이 실행을 대신할수록, 방향을 정하는 일의 가치는 더 커질 겁니다.

투자도 마찬가지입니다. 이 책에서 저는 피지컬 AI의 밸류체인을 분해하고, 각 레이어에서 어떤 기업이 어떤 위치에 있는지를 분석했습니다. 하지만 솔직히 말하면, 3년 뒤에 이 분석이 얼마나 유효할지 확신할 수 없습니다. 기술이 바뀌면 밸류체인도 바뀌고, 기업의 위치도 바뀝니다. 컴퓨터와 인터넷 시대를 장악했던 인텔이 왕좌를 내주고, 아이폰이 등장한 이후에도 스마트폰 시장 1위를 기록했던 노키아가 순식간에 시장에서 사라져 버린 것처럼요.

그래서 이 책이 독자 여러분에게 전하고 싶었던 것은 종목 리스트가 아닙니다. 어떤 기업이 좋은지가 아니라, 왜 그 기업이 그 위치에 있는지를 이해하는 것. 그런 시야가 생기면 밸류체인이 바뀌어도 새로운 기회를 스스로 찾을 수 있으리라 믿습니다. 저도 그 눈을 갖기 위해 이 책을 쓰면서 공부했고, 그 과정을 나누고 싶었습니다.

투자를 15년 하면서 배운 것이 하나 있다면, 시장에서 오래 살아남는 사람은 가장 똑똑한 사람이 아니라 실행하고, 부딪히고, 실패하고, 거기서 배우면서 조금씩 나아지는 사람이라는 것입니다. 기록하는 사람, 기준을 세우는 사람, 틀렸을 때 인정하고 수정하는 사람. 화려한 수익을 내는 사람의 뒤에는 언제나 지루한 반복이 있었습니다. 저도 늘 그 길을 가는 선배 투자자들을 보면서 조금이나마 따라가 보려고 노력합니다. 피지컬 AI 시대의 투자도 다르지 않을 겁니다.

이 책을 쓰기 시작한 것은 빠르게 변하는 세상 앞에서 마주한 불안 때문이었는지도 모릅니다. 하지만 쓰는 동안 공부하고 정리하는 행위 자체가 두려움을 다루는 방법이기도 했습니다. 모르는 것을 인정하고, 하나씩 찾아보고, 틀릴 수 있다는 것을 받아들이면서 써 나가는 과정이 저를 조금 더 단단하게 만들어주었던 것 같습니다.

투자는 미래에 대한 의견을 돈으로 표현하는 행위라고 합니다. 저는 여기에 한 가지를 더 붙이고 싶습니다. 좋은 투자는 선택지를 넓히는 일이라고요. 수익률 자체가 아니라, 수익이 만들어주는 선택의 여유가 목적이라고요. 피지컬 AI가 바꿀 세상에서 자리를 잃는 사람이 아닌, 더 많은 선택지를 가진 사람이 되셨으면 좋겠습니다. 이 책을 선택하여 끝까지 읽어 주셔서 감사합니다.

부록: 한·미·일·중 피지컬 AI 관련 종목

본 리스트는 모건스탠리가 2025년 2월 발간한 <The Humanoid 100> 보고서에서 휴머노이드 가치사슬에 포함시킨 100개 기업을 기반으로 정리했습니다.

두뇌(총 22개 기업)			
소프트웨어(Software)			
구분	국가	기업	
파운데이션 모델 (Foundational Models)	중국 미국 미국 미국 미국	바이두 메타 구글 엔비디아 마이크로소프트	Baidu Meta Alphabet NVIDIA Microsoft
데이터 사이언스&분석 (Data Science& Analytics)	미국 미국 미국	팔란티어 오라클 마이크로소프트	Palantir Oracle Microsoft
시뮬레이션& 비전 소프트웨어 (Simulation& Vision Software)	스웨덴 미국 미국 독일 미국 프랑스	헥사곤 엔비디아 메타 지멘스 구글 다쏘시스템	Hexagon NVIDIA Meta Siemens Alphabet Dassault Systemes

두뇌		
반도체(Semis)		
구분	국가	기업
반도체 (비전&연산) (Semis(Vision& Compute))	미국 미국 이스라엘 미국 미국 중국	인텔 엔비디아 모빌아이 암바렐라 퀄컴 호라이즌 로보틱스	Intel NVIDIA Mobileye Ambarella Qualcomm Horizon Robotics
반도체(메모리) (Semis (Memory))	한국 한국 미국	삼성전자 SK하이닉스 마이크론 테크놀 로지	Samsung Electronics SK hynix Micron Technology
반도체(설 계) (Semis (Designers))	영국 미국 미국	ARM 홀딩스 시놉시스 케이던스 디자인 시스템즈	Arm Holdings Synopsys Cadence Design Systems
반도체(제조) (Semis(Fab))	대만 한국 미국	TSMC 삼성전자 인텔	TSMC Samsung Electronics Intel

몸(총 64개 기업)		
센서(Actuators & Actuator Parts)		
구분	국가	기업
카메라&비전 센서(Cameras &Vision Sensors)	미국	텔레다인 테크놀로지스 / Teledyne Technologies
	미국	인텔 / Intel
	스웨덴	헥사곤 / Hexagon
	일본	소니 / Sony
	미국	옴니비전 그룹 / Omnivision Group
	중국	로보센스 / RoboSense
	미국	온세미 / onsemi
	아일랜드	TE 커넥티비티 / TE Connectivity
	일본	키엔스 / Keyence
레이더&라이다 (Radar&Lidar)	캐나다	마그나 인터내셔널 / Magna International
	미국	인텔 / Intel
	미국	텔레다인 테크놀로지스 / Teledyne Technologies
	미국	앱티브 / Aptiv
	프랑스	발레오 / Valeo
	중국	로보센스 / RoboSense
자기장 센서 (Magnetic)	벨기에	멜렉시스 / Melexis
	미국	알레그로 마이크로시스템즈 / Allegro MicroSystems
힘·토크 센서(Force& Torque)	미국	노반타 / Novanta
	영국	센사타 테크놀로지스 / Sensata Technologies
	중국	켈리 센싱 / Keli Sensing
	아일랜드	TE 커넥티비티 / TE Connectivity

몸		
액추에이터 및 액추에이터 부품(Actuators & Actuator Parts)		
구분	국가	기업
베어링 (Bearings)	일본 미국 미국 중국 중국 미국	NSK RBC 베어링스 팀켄 쌍림그룹 상하이 베이테 테크놀로지 리갈 렉스노드	NSK RBC Bearings The Timken Shuanglin Group Beite Technology Regal Rexnord
스크류(Screws)	일본 중국 독일 스웨덴 중국 일본 대만	NSK 상하이 베이테 테크놀로지 SKF 헝리 하이드롤릭 THK 하이윈 테크놀로지스	NSK Beite Technology SKF Hengli Hydraulic THK HIWIN Technologies
기어/감속 기(Gears/ Reducers)	중국 미국 일본 미국 일본 대만 대만 중국 중국	리더드라이브 팀켄 나브테스코 리갈 렉스노드 하모닉 드라이브 시스템즈 하이윈 테크놀로 지스 Hota Shuanghuan Zhongda Leader	Leaderdrive The Timken Nabtesco Regal Rexnord Harmonic Drive Systems HIWIN Technologies Hota Shuanghuan Zhongda Leader

구분	국가	기업	
모터(Motors)	중국	이노밴스 테크놀로지	Inovance Technology
	미국	리갈 렉스노드	Regal Rexnord
	일본	니덱	Nidec
	중국	문스 인더스트리즈	MOONS' Industries
	중국	리드샤인 테크놀로지	Leadshine Technology
	중국	Zhongda Leader	Zhongda Leader
	중국	자오웨이 테크놀로지	Zhaowei Technology
	영국	센사타 테크놀로지스	Sensata Technologies
	중국	에스턴 오토메이션	Estun Automation
인코더 (Encoders)	일본	니덱	Nidec
	미국	노반타	Novanta
	영국	센사타 테크놀로지스	Sensata Technologies
희토류/자석 (Rare-Earths/ Magnets)	중국	중국북방희토	China Northern Rare Earth
	미국	엠피 머티리얼즈	MP Materials
	호주	라이너스 희토류	Lynas Rare Earths
	중국	진리 마그네틱	JL MAG Rare-Earth

몸			
배터리(Batteries)			
구분	국가	기업	
배터리 (Batteries)	중국	EVE 에너지	EVE Energy Co
	한국	삼성 SDI	Samsung SDI
	한국	LG에너지솔루션	LG Energy Solution
	중국	CATL	CATL

몸		
반도체(아날로그)(Semis(Analog))		
구분	국가	기업
반도체(아날로그)(Semis(Analog))	미국	알레그로 마이크로시스템즈 Allegro MicroSystems
	미국	아날로그 디바이시스 Analog Devices
	독일	인피니언 테크놀로지스 Infineon Technologies
	네덜란드	NXP 세미컨덕터스 NXP Semiconductors
	일본	르네사스 일렉트로닉스 Renesas Electronics
	미국	온세미 onsemi
	스위스	ST마이크로일렉트로닉스 STMicroelectronics
	벨기에	멜렉시스 Melexis
	미국	옴니비전 그룹 Omnivision Group
	미국	텍사스 인스트루먼트 Texas Instruments

몸		
본체 · 배선 · 열관리(Body, Wiring, Thermal)		
구분	국가	기업
알루미늄 주조 (Aluminum Castings)	캐나다	마그나 인터내셔널 Magna International
	중국	쉬성 그룹 Ningbo Xusheng Group
배선 및 커넥티비티(Wires & Connections)	미국	암페놀 Amphenol
	아일랜드	TE 커넥티비티 TE Connectivity
	미국	앱티브 Aptiv

열관리 시스템 (Thermal)	중국 중국	투오푸 그룹 산화 인텔리전트 컨트롤즈	Tuopu Group Sanhua Intelligent Controls

산업 자동화 및 로봇 OEM		
구분	국가	기업
산업 자동화 및 로봇 OEM (Diversified Automation)	미국 미국 독일 대만	허니웰 록웰 오토메이션 지멘스 폭스콘	Honeywell Rockwell Automation Siemens Foxconn

통합자(총 22개 기업)		
구분	국가	기업
통합자 (Integrator)	미국 중국 중국 미국 미국 한국 한국 중국 일본 한국 일본 중국 중국 중국 중국 스위스	테슬라 BYD 알리바바 아마존 애플 삼성전자 레인보우 로보틱스 유비테크 소니 현대차 도요타 광저우자동차 그룹 에스턴 오토메이션 텐센트 샤오미 ABB	Tesla BYD Alibaba Amazon Apple Samsung Electronics Rainbow Robotics UBTECH Robotics Sony Hyundai Motor Toyota GAC Group Estun Automation Tencent Xiaomi ABB

통합자 (Integrator)	미국 중국 한국 대만 중국	테라다인 마이디어 그룹 네이버 폭스콘 샤오펑	Teradyne Midea Group NAVER Foxconn XPeng

기술을 알면 투자가 보인다
피지컬 AI 기술 혁명

초판 1쇄 발행 | 2026년 5월 1일

지은이 | 백승호
펴낸이 | 양희재
펴낸곳 | 부자의서재
출판등록 | 제 393-2022-000024 호(2022년 7월 11일)
주소 | 경기도 안산시 단원구 고잔2길 45, 7층 701-86호
ISBN | 979-11-24174-34-0(03320)
이메일 | therichlib123@gmail.com

출판사 부자의서재는 깊이 있는 인사이트로
부의 길을 제시하는 원고를 기다리고 있습니다.
therichlib123@gmail.com